门头沟卷

袅袅炊烟在浅山：京郊村落记忆

北京联合大学应用文理学院 组织编写
张景秋 主编　李霜妍 著

北京出版集团
北京出版社

图书在版编目（CIP）数据

袅袅炊烟在浅山：京郊村落记忆. 门头沟卷 / 北京联合大学应用文理学院组织编写；张景秋主编；李雪妍著. — 北京：北京出版社，2022.9
　ISBN 978-7-200-17412-0

Ⅰ.①袅… Ⅱ.①北… ②张… ③李… Ⅲ.①村落—调查研究—门头沟区 Ⅳ.①K921.5

中国版本图书馆CIP数据核字（2022）第169672号

责任编辑：耿苏萌　赵　宁
责任印制：彭军芳

袅袅炊烟在浅山：京郊村落记忆　门头沟卷
NIAONIAO CHUIYAN ZAI QIANSHAN: JINGJIAO CUNLUO JIYI　MENTOUGOU JUAN
北京联合大学应用文理学院　组织编写
张景秋　主编
李雪妍　著

出　版	北京出版集团
	北京出版社
地　址	北京北三环中路6号
邮　编	100120
网　址	www.bph.com.cn
总发行	北京出版集团
发　行	京版北美（北京）文化艺术传媒有限公司
经　销	新华书店
印　刷	鸿博昊天科技有限公司
版印次	2022年9月第1版第1次印刷
开　本	787毫米×1092毫米　1/32
印　张	6.25
字　数	154千字
书　号	ISBN 978-7-200-17412-0
定　价	88.00元

如有印装质量问题，由本社负责调换
质量监督电话 010-58572393

编委会

张景秋　范晓薇　张　翎　朱　佳

序

　　为全面贯彻党的十九大关于加快生态文明体制改革、建设美丽中国的总体要求，深入贯彻落实习近平总书记视察北京系列重要讲话精神，牢固树立和践行"绿水青山就是金山银山"的发展理念，按照党中央、国务院批复的《北京城市总体规划（2016年—2035年）》（简称《总体规划》）中提出的将浅山区建设成为首都生态文明示范区的总体要求，2021年，《北京市浅山区保护规划（2017年—2035年）》（简称《浅山区规划》）正式颁布，标志着将浅山区建设成为首都环境治理能力展示窗口、特大城市生态文明示范地区、山区居民共享共生美丽家园和千年古都历史文脉传承源地的总体目标进入了新发展阶段。

　　从地貌地形上来看，北京居于华北平原北端，全市60%以上地区为山区，是首都天然的生态屏障。根据海拔高度的不同，分为浅山区和深山区。根据《浅山区规划》规定，北京市浅山区是以高程系100—300米的浅山本体为基础，主要包括第一道山脚线穿越的平原和浅山交界地区，以及300米等高线穿越的浅山和深山交界地区（不含密云水库以北地区），并将中心城区及新城集中建设区范围予以调出，形成北京市浅

袅袅炊烟在浅山：京郊村落记忆 ｜门头沟卷

山区保护规划范围，共涉及海淀、丰台、石景山、顺义、昌平、房山、门头沟、平谷、怀柔、密云等10个区66个乡镇（街道），总面积约4833平方千米，占市域面积的29.5%。

北京浅山区是首都重要的生态屏障。作为平原与深山的交界地区，山前冲积洪积扇的过渡地带，浅山区区域内水系相对发达，生物种类丰富，是城市发展的生态屏障前缘，是人类与自然共生共存的集中地。所以《浅山区规划》中提出，要围绕浅山区生态保育和生态建设的核心功能，加强生态保育和生态修复，建构山水林田湖草生命共同体，持续提升生态环境规模和质量，促进人与自然和谐共生，践行"绿水青山就是金山银山"的发展理念，实现青山绕城、绿水环山、森林繁茂、良田美景的生态保育与修复总体目标，以确保首都的绿水青山常在，自然生态系统安全稳定。

北京浅山区也是首都功能的重要保障区和延伸区。这里水土地热适宜，人类活动频繁，是乡村生产生活印记鲜明的区域。所以《浅山区规划》中提出，要坚持绿色发展，在发展中保护、在保护中发展，推动生态惠民、生态利民、生态为民，改善城乡人居环境，引导文化旅游、休闲度假、都市型农业、会议会展服务、高科技项目为主的生态友好型产业体系落户浅山区，推动形成绿色高质量发展方式，更好地激发生态涵养区的内生活力。

北京浅山区还是长城文化带和西山永定河文化带的重要空间承载区

序

和展现区。这里历史悠久，文物古迹众多，是北京多元文化融合发展的见证地。长城文化带和西山永定河文化带在此交汇延展，从早期人类活动遗址、聚落遗址到历史时期形成的宫殿、园囿、庙宇、村落、古道、关隘，在西山、永定河、长城的串联下，塑造成带状的镶嵌在京华大地上的璀璨明珠。所以《浅山区规划》中提出，要保护好、传承好、利用好浅山区的生态文化本底、历史文化资源和文化脉络，形成文化探访路线，讲好浅山故事和北京故事，全方位展示首都文化魅力。

全面落实乡村振兴战略，推进浅山区美丽乡村建设，既是浅山区规划的目标，更是民生所指。村庄是浅山区最广大、最显著的地理单元和行政单元，散布在浅山区的村庄形成了有别于城市的乡村空间，而北京浅山区的乡村在传统与现代的交汇融合中锻造出自己独特的性格。车程1小时，从喧闹到寂静，浅山区承担着接壤首都从高速快捷的中心城市，向质朴悠闲的山区的转折。所以《浅山区规划》中提出，要以生态涵养为根本，延续人与自然有机融合的乡村空间关系，将浅山区建设成为山水美、田园美、村庄美、生活美、人文美的北京美丽乡村示范区。

作为与城市并存的一种地理空间，乡村的生产、生活和生态特质具有一定的共性特征。首先，农业生产是乡村的根本，是形成乡村特性的决定性要素。无论是乡村聚落，还是乡约民俗的形成发展，都是在有利于农业生产的基础上产生、塑造和传承的。其次，慢生活形态是乡村的美学基础。乡村生活与城市生活的区别就在于快与慢。也许乡村的生

活计时不完全是以小时为单位,是依农时节气而定,在播种收割中感受着天地日月精华带来的喜悦与满足,那种慢慢生长的岁月静好和生命韧性,是城市生活所不能给予的。

记忆中与晨辉和晚霞呼应的袅袅炊烟,带来的是对以往岁月的怀念,是对未来美好的期待,更是对靠自己努力就会有所收获的自信。从20世纪的自然资源开发型为主导乡村发展模式,逐渐转变为当下符合首都功能需求的生态资源保护与文旅融合发展的新型乡村发展模式,起承转合中留下的和消失的都将定格在人们的记忆中。

"袅袅炊烟在浅山:京郊村落记忆"系列丛书的策划初衷就是希望将这些记忆和变化记录下来。根据《浅山区规划》,丛书选取了位于东北部水源涵养和生态休闲区的密云和平谷,中部首都功能延伸区的怀柔和昌平,西南部历史文化和生态休闲区的门头沟和海淀,以及参照执行的延庆浅山区,通过走访形式,写人写景写事,讲述北京的浅山故事,在故事中展现生动的绿水青山、多元的乡村景观、多彩的文化活动、幸福的乡居生活。

本丛书的作者以北京联合大学应用文理学院的教师为主,以及中央新闻纪录电影制片厂的胡师睿、中国艺术研究院的朱佳博士、北京建筑大学的刘清越硕士。作者的分工分别是:朱佳、吕红梅负责海淀卷,莫常红、胡师睿负责昌平、延庆卷,张景秋、刘清越负责怀柔卷,叶盛东负责密云卷,付晓负责平谷卷,李雪妍负责门头沟卷。

序

丛书从选题到走访再到成书，得到了北京出版集团领导、编辑们的大力支持、指导和帮助，在此表示衷心的感谢！在走访过程中，得到了相关区、部门和百姓的理解、支持与帮助，在此表示衷心感谢！

绿水丰涟漪，青山多绣绮。未来的北京浅山区一定会成为展现大国首都生态文明建设和人与自然和谐发展良好关系的重要窗口。

张景秋

2021 年 3 月

前　言

门头沟区是首都北京的一个市辖区，它位于北京城区正西偏南，东西长约62千米，南北宽约34千米，总面积约1455平方千米。门头沟区东部与海淀区、石景山区接壤，南部与丰台区、房山区相连，西部与河北省的涿鹿、涞水两县交界，北部与昌平区以及河北省怀来县相连。

在北京的所有市辖区里，可以说门头沟是最特别的一个。一是它的地形独一无二，二是它的文化底蕴深厚，高山深峡中流淌着北京的母亲河，浅山幽谷中隐藏着神秘的古村落。特别是门头沟的浅山地带，可以用一个"古"字统领，绿水青山中的古村、古道、古刹、古城，传承着历经千百年的古风、古韵。

毋庸置疑，门头沟区独特的地域文化与其地形地貌密切相关。说门头沟全境皆山一点也不夸张，门头沟境内98.5%的面积是山地，平原面积仅占1.5%，名山有东灵山、百花山、黄草梁、妙峰山等。

永定河是门头沟区最大的过境河流，境内河道长101千米，主要支流有刘家峪沟、湫河、清水河、下马岭沟、清水涧、苇甸沟、樱桃沟、门头沟等，大小支流共300多条。清水河亦名清河，是永定河官厅山峡

最大支流,为境内第二大河。清水河(永定河支流)和永定河呈"人"字形贯穿门头沟区大部分。

莽莽大西山、滔滔永定河是门头沟区的自然本底,而正是这大山大河孕育了门头沟丰富多彩的传统文化。门头沟区是西山永定河文化带最主要的组成部分。

早在约1万年前,东胡林人就来到清水河谷的东胡林黄土台地居住、生活、繁衍,除了东胡林人遗址,在沿河城的大东宫村、斋堂镇的柏峪村等地,也都发现了古人类生活的遗迹。

今天的门头沟,不仅山川秀美,而且境内古迹遍布,民风古朴。有始建于1700多年前的著名古刹潭柘寺以及"先有潭柘寺,后有北京城"之说。有斋堂镇灵水村、斋堂镇爨底下村、龙泉镇琉璃渠村等国家历史文化名村3处,有妙峰山镇樱桃沟村、清水镇洪水口村、斋堂镇爨底下村、王平镇韭园村等北京市最美乡村4个,有斋堂镇爨底下村、王平镇韭园村、龙泉镇琉璃渠村、永定镇岢罗坨村、潭柘寺镇桑峪村、军庄镇孟悟村、清水镇八亩堰村、雁翅镇碣石村、妙峰山镇岭角村和涧沟村等门头沟区最美山村10个。

截至2012年底,有潭柘寺、戒台寺、爨底下村古建筑群、万里长城北京门头沟段等国家级文物保护区4处,有龙泉务辽金瓷窑遗址、东胡林人遗址、沿河城与敌台、三官阁过街楼、宛平县人民抗日战争为国牺牲烈士纪念碑、八路军冀热察挺进军司令部旧址、灵严寺大殿、灵岳

前　言

寺、白瀑寺、双林寺、天利煤厂旧址、琉璃厂商宅院等北京市文物保护单位12处。

除了古村古建，门头沟区的非物质文化遗产也非常丰富，列入国家级保护名录的有京西太平鼓、妙峰山庙会、琉璃渠琉璃烧制技艺、千军台庄户幡会等4个，列入北京市级保护名录的有京西幡乐、龙泉务村童子大鼓会、柏峪燕歌戏、西斋堂梆子戏、苇子水秧歌戏、淤白村蹦蹦戏、潭柘紫石砚雕刻技艺。

可以说，这些古村、古道、古风、古韵承载着门头沟悠久的历史和灿烂的文化。如果你想"望得见山水，记得住乡愁"，那你就来门头沟吧，而这些最值得探访，最值得留恋，也最值得记忆的乡愁，大多分布在名山脚下、永定河畔以及清水河谷，就是我们所说的浅山、低山地带。

饱览大美京西，到门头沟来，到浅山区来，到古村落来，到民宿客栈来，到百姓人家来，来这里游名山古刹，看长城要塞，住古院民宅，吃传统佳肴，赏京西民俗，望炊烟袅袅。来这里小住几天，卸去一身疲惫，给心灵放个假，让自己沉浸在那浓浓的化不开的乡愁中……

李雪妍

2020年11月30日

目　录

序

前　言

01 清山秀水美画廊　　　　　　　　　／ 001

02 依山就势藏古村　　　　　　　　　／ 017

03 京西古道知多少　　　　　　　　　／ 031

04 水陆交汇三家店　　　　　　　　　／ 045

05 九龙山下琉璃乡　　　　　　　　　／ 057

06 依山傍水古城池　　　　　　　　　／ 075

07 扬名古道两小村　　　　　　　　　／ 087

08 爨底下村和灵水村　　　　　　　　／ 101

09 京西多有英雄村	/ 117
10 古槐老井映石舍	/ 133
11 玫瑰花香飘涧沟	/ 145
12 梯田环绕长寿村	/ 157
13 百花食美白梨香	/ 165
14 乡关何处寄乡愁	/ 173
后　　记	/ 181

01 清山秀水美画廊

门头沟区位于北京西部略偏南,东临石景山区、海淀区,南接丰台区、房山区,西抵河北省涞水、涿鹿两县,北达昌平区以及河北省怀来县。永定河斜贯全区,其支流缠绕山间,全区森林覆盖率达到48.08%,生态绿色空间不断扩大。整个门头沟区就像一道秀丽的天然屏障矗立在京西,护卫着北京城,可谓"一道翠屏织锦绣,清山秀水美画廊"。

莽莽大西山

我们所说的大西山,泛指北京城以西的太行山北端支脉,包括房山区西部、丰台区西部、门头沟区、石景山区西北部、海淀区西北部及昌平区西南部的山地。其中,狭义的北京西山是指距北京主城区较近的丰台区西部、门头沟区东部、石景山区西北部和海淀区西部的山地。大部分是低山丘陵,有少数是中山。

门头沟区地处北京西山的核心部分,是北京唯一的纯山区,地势总的趋势是西北高、东南低。山峰主要由四列大致平行的西南—东北走向的太行山东北支脉排列组成,分别是第一列东灵山—黄草梁—笔架山,第二列百花山—清水尖—妙峰山,第三列九龙山—香峪大梁,第四列马鞍山。而且门头沟地貌类型复杂,地势高低悬殊,最高峰是西部海拔2303米的东灵山,最低处是东部永定镇,海拔仅73米。海拔千米以上的山峰有160多座,其中的东灵山、百花山、黄草梁和妙峰山都远近闻名。

东灵山位于门头沟区清水镇,山峰的海拔高度都在800米以上,主峰海拔2303米,为北京市第一高峰,被誉为"京西的珠穆朗玛",山峰峻峭,怪石嶙峋,天然森林和亚高山草甸使其成为北京市生态旅游胜地。特别是位于海拔1700米以上的万亩草甸,是华北地区最大的空中草甸,野花遍地,植被万千,有野生花卉190多种,中草药570多种,并有野生动物近40种,鸟类近200种。东灵山因为海拔高,夏季平均气温在17摄氏度到22摄氏度之间,凉爽怡人,是北京市民消夏避暑的好地方。

东灵山空中草甸(李瑞华摄)

百花山也在清水镇境内,比东灵山略低,主峰海拔1991米。2008年升级为国家级自然保护区,保护区属于森林生态系统保护类型,主要保护对象是暖温带华北石质山地次生落叶阔叶林生态系统及珍稀保护动物及其种群。百花山的生态系统在中国极具代表性和典型性,区内物种资源非常丰富,已知陆栖野生脊椎动物169种,昆虫种类1000多种,其中褐马鸡、金雕、金钱豹等都是国家级重点保护的野生动物。高等植物共计1100多种,

占北京市植物总种数的49%。其中有百花山花楸等特有种类5种，紫椴和黄檗等国家重点保护植物2种。

黄草梁位于门头沟区斋堂镇，主峰海拔1737米，这里集自然景观与人文景观于一身，不仅风景优美，三季花不断，更是长城怀古的好去处。因其特殊的地理位置，自古就是兵家必争之地，明代在这里增筑长城，设重

黄草梁上看长城（叶盛东摄）

兵把守。直到今天，黄草梁上的敌台历经400余年风雨雄姿依旧。这些敌台和长城还有个名字叫作"七座楼"。七座楼是指长城编号沿字6~11号敌台以及另一座没有编号的石砌敌楼。

黄草梁上的长城现多已坍塌，但敌楼却保存得相对完整。屹立在群峰之上，俯览群山，有"一夫当关，万夫莫开"之势。

妙峰山位于西山第二列山脉中较低位置，主峰海拔1291米。这里有日出、晚霞、雾凇、山市等时令景观和千亩玫瑰花，也有传统的朝圣庙会，使得妙峰山成为北京周边的风景名胜区之一。妙峰山上建有释、道、儒、俗不同信仰的殿宇14座，其中以创建于明末的娘娘庙最为著名。从清代至民国，每年农历四月初一至十五这里都会举行庙会，而且是华北地区规模最大的庙会。

妙峰山的传统民俗庙会

袅袅炊烟在浅山：京郊村落记忆 ｜门头沟卷

门头沟区低山丘陵部分，由于更近河谷，沿途植被茂密，风景秀丽，步移景异。峰峦叠嶂中掩映着很多传统村落、山寺庙宇、长城敌台以及山间古道。在这里，你可以听见悠悠的古刹钟声，可以遥望袅袅的古村炊烟，可以想象炽热的敌台狼烟，还可以感受萧萧的古道西风……

悠悠永定河

永定河是流经北京市域的最大河流，也是海河水系的最大支流，全长747千米，其上游桑干河发源于山西省宁武县管涔山北麓桑干泉，接纳浑河、洋河、妫水，汇入官厅水库，水库以下称为永定河。永定河贯穿北京西山，流经北京湾，注入渤海，对北京湾的形成起到至关重要的作用。可以说，永定河洪积冲积扇造就了北京小平原，是北京城市发展和人类活动的地理基础，为北京城的形成和发展提供了优越的地域空间。永定河水是北京城市发展重要的生活生产水源，还被引入大运河保障漕运，成就了北京城的繁荣兴盛，并哺育了北京西部的近代工业。所以说，没有永定河就没有北京城。因此，永定河也被誉为"北京的母亲河"。

永定河自西北流入门头沟境内，流向东南，斜贯全区，境内河段长达百余千米，流域面积1398平方千米。境内清水河、清水涧河等是永定河支流，平行分布在山脉之间。

永定河流域夏季多暴雨，上游黄土高原森林覆盖率低，水土流失严重，河水混浊。永定河在今门头沟三家店出山后，由于水流相对平缓，导致泥沙大量沉积,河床高于地面,形成地上河。历史上永定河河床多次改道,故被称为"无定河"。清康熙三十七年(1698年)经大规模整修平原地区河道后,才改称永定河。1949年后,永定河上修建了官厅水库、卢沟桥分洪枢纽工程、三家店至卢沟桥段左堤加固工程等,改变了永定河的水文特征,彻底解决了永定河水患。

永定河门头沟段,自官厅水库至三家店长约110千米,落差340米,像一把利刃将重重大山斩断,形成号称"百里山峡"的永定河大峡谷,山雄水美,自然天成。

不过,自20世纪60年代起,由于天气干旱、上游用水量增加等原因,永定河内水量急剧减少,从而导致永定河主要河段经常干涸、断流,生态环境遭到破坏。直到2019年3月,永定河首次进行跨流域生态补水,引进

蜿蜒流淌的永定河

了山西、内蒙古交界处的万家寨水库的黄河水，有效回补了西山地区的地下水，逐步恢复了永定河生态系统。永定河山峡段经过治理，共修复湿地150万平方米，营造水面120万平方米，美化绿化100万平方米，打造了马蹄湾、月亮泉、香蒲滩等20多处景观节点。今日永定河的山峡段河清水畅、景美岸绿，已现"百里画廊"的雏形。

清水河，又名清河，位于门头沟区西北部，是永定河最大的支流，发源于门头沟区江水河村之泉，不断汇入黄塔沟、小龙门沟、灵山、龙门涧、达摩沟等溪流，形成清水河。清水河自源头向东南流经齐家庄，再折东经清水、斋堂两镇，在青白口镇附近注入永定河。

清水河全部都在大西山中穿行，其河谷下切也很明显，景色壮美。位于清水河主沟西斋堂村西南峡谷处的斋堂水库，是门头沟区最大的水库，

清水河上的斋堂水库

也是风景最优美的水库。周边群山环绕，鸟语花香，更有白天鹅、野鸭等水鸟在此筑巢繁衍，给水库带来了勃勃生机。

谷地斋堂川

清水河在门头沟的大山里蜿蜒流过，在斋堂镇附近形成一段相对宽阔的山间谷地，人们把东起斋堂镇法城村，西至清水镇的小龙门，南北长约60千米，东西长约35千米的一段谷地称为斋堂川五十八村。

斋堂川以清水河为中心分布，南北两侧高山林立，中间河谷宽阔肥沃，物产丰富，人杰地灵，不仅出产煤炭、玉石等矿产品，也盛产核桃、红杏等农林产品，自古就是北京古人类生活地之一。

据历史考证，斋堂地区早就有人类生存殖息，从西胡林、齐家庄、前桑峪、东胡林、燕家台、大东宫等处的文物考古证实斋堂川也是"北京人"、"山顶洞人"即"周口店人"的故乡。其中，位于清水河北岸黄土台地上的东胡林村就曾发掘出距今1万年左右新石器时代早期的人骨化石，被称为"东胡林人"。在燕家台村旁的龙门涧也曾发现商代的贝币，据此分析，早在夏商时期，燕家台就已经成为较大的居民集聚地，并且是有货币流通的奴隶制国家的一部分，具有小城镇的规模。

斋堂川一直都有人类活动的遗迹，到了辽代，斋堂川村庄已形成较大规模。明万历年间建斋堂城，长宽各500米，东西各设1门，扼京西古道要冲，军事战略地位十分重要。由于斋堂城的建立，在此形成了以斋堂为中

心的地方性语言区域，与门头沟及北京市其他地区有所不同，称为斋堂土话区域。

由于地理、历史、语言、文化的高度一致，斋堂川的范围被比较准确地框定为五十八村。据资料记载，具体包括法城村、张家村、吕家村、杨家村、杨家峪村、军响村、前桑峪村、后桑峪村、灵水村、东胡林村、西胡林村、火村村、白虎头村、牛战村、王家山村、灵岳寺村、上蔡家岭村、下蔡家岭村、东北山村、西北山村、东斋堂村、西斋堂村、马栏村、大三里村、高铺村、青龙涧村、双石头村、黄岭西村、爨底下村、柏峪村、下清水村、上清水村、达摩庄村、洪水峪村、上达摩村、梁家庄村、李家庄村、燕家台村、梨园岭村、椴木沟村、江水河村、杜家庄村、张家庄村、齐家庄村、洪水口村、双塘涧村、小龙门村、梁家铺村、塔河村、黄安村、黄安坨村、龙王村、黄塔村、张家铺村、双涧子村、艾峪村、简城村、梯子村（现部分村庄已搬）。

门头沟区被认证的14个传统村落中，位于斋堂川的就有8个，分别是灵水村、西胡林村、马栏村、黄岭西村、爨底下村、沿河城村、燕家台村、张家庄村。除了斋堂川，门头沟还有一些传统村落散布在其他区域，包括柏峪村、龙泉镇琉璃渠村、龙泉镇三家店村、雁翅镇碣石村、雁翅镇苇子水村、王平镇东石古岩村、大台办事处千军台村。

提到斋堂川，北京非常有名的"马兰黄土"就分布在这里，它是中国第四纪黄土分期名称之一，具体位置是清水河畔斋堂镇北山坡上，命名剖面在北京市斋堂对面清水河右岸二级阶地。提到马兰黄土，地学界几乎无人不知，被收录于《中国地层典》《中国岩石地层名称辞典》《北京市岩石地层》等书。

马兰黄土呈浅灰黄色，疏松、颗粒较均匀，成分以粉砂为主，呈块

马兰黄土剖面

状,大孔隙显著,垂直节理发育,偶夹黑垆土型古土壤,层中钙质结核小而少,常零散分布。黏土矿物主要是伊利石、蒙脱石和少量高岭土、针铁矿等。其厚度分布不均匀,从数米到数十米不等。北京斋堂剖面马兰黄土中的古土壤,碳14测年为 (2.3 ± 0.15) 万年。

传统村落蕴含着特定地区的地域文化和风土人情,积淀着当地特殊的自然生态和人文景观,具有丰富的历史价值、文化价值、美学价值、旅游价值。门头沟区是北京市传统村落数量最多、保存最完整、传统文化内涵极丰富、研究价值极高的地区。这些传统村落也是中华优秀传统文化的瑰宝。

四

区名门头沟

门头沟区地处北京西部山区，是一个具有历史悠久文化和优良革命传统的老区。早在1万年以前，新石器时代早期的"东胡林人"就在此繁衍生息，留下了很多遗址、遗迹。随后，历朝历代的人们在这里生产、生活，留下了很多古村古道，也留下了很多有趣的传说，共同形成了今天门头沟独特的地域文化。

不过，这个古老的区域为什么叫了这么一个有点"土味"的名字——门头沟呢？门头是哪个门头，沟又是哪个沟。

先说说门头沟里的"沟"字。这个沟，不仅仅是指一条水沟，实际是指一条沟谷。这条沟谷从横岭到大峪村，呈东西向，长达11千米，北面是九龙山，南面是南大梁。沟谷中有一条天然形成的季节性河沟，从山上流下，汇入永定河。这条季节性的河沟，古时也叫"玉河"，唐朝末期在这条沟谷中修建了一条古道，称作"玉河古道"。玉河古道向西通往腹地斋堂川，经过斋堂，可以远至山西及内蒙古。

门头沟北侧的九龙山下蕴藏着丰富的煤炭资源，早在辽代就开始了大规模的煤炭开采，附近众多煤窑一般都开在河道两侧，这条河沟也就变成了各煤窑的泄水沟，由于煤窑不断增多，排水量也日益增大。到了清代，京西的煤炭已成为北京城的主要燃料，为增加煤炭产量，朝廷和民间多次对这条泄水沟进行大规模修建。几经人工开凿，这条泄水沟成为京西龙泉镇境内最大的一条泄水沟，并被称为"门头沟"，这就是狭义的门头沟。

说完了"沟"，再来说说"门头"的意思。在这条沟谷中，有一个重

被称为门头沟的泄水沟（叶盛东摄）

要的地理节点，就是现在的门头口村。因为从门头口村向西，沟谷狭窄，坡度逐渐加大；而从门头口村向东，沟谷逐渐开阔，地势渐趋平坦。所以，这个地理节点的战略防线地位就凸显出来了。

袅袅炊烟在浅山：京郊村落记忆 | 门头沟卷

门头沟之源圈门（叶盛东 摄）

明代时，都城北京一直受蒙古威胁，朝廷在京西山区修建了一道长城来拱卫京师，还在重要的关卡修建了关城，驻军把守。因此，门头口村也建有一座关城，扼守古玉河大道的咽喉。

明清易代，长城内外一统，京城西部的关城失去了军事作用，关城的城台上修建起了庙宇，逐渐演变成过街楼。由于玉河古道从关城下面通过，而关城的门洞又是拱券形的，所以人们就把这座建筑称为"券门"，依谐音叫作"圈门"。以过街楼为界，这条沟谷分成了两部分，为了区别这两部分，人们把过街楼以西称为"门头沟",把过街楼以东称为"大峪沟"。

所以,门头沟的意思就是"圈门前头的沟谷"。后来,圈门一带也以"门头沟"作为地名,周边的谷地也因此得名"门头沟谷地",这就是广义的门头沟。1949年后,北京市政府在京西山区设置行政区,将门头沟定为区名。这就是"门头沟"这个名字的前世今生。

02 依山就势藏古村

袅袅炊烟在浅山：京郊村落记忆 | 门头沟卷

在京西门头沟的崇山峻岭和深山幽古中，在昔日的古道旁，还有许多历史悠久、传统文化色彩浓郁、格局完整的古村落散落在这片清山秀水之间，颇有"藏在深山人未识"的意境。这些古村落是门头沟宝贵的财富和文化品牌。它们的建筑有何特色，它们背后讲述着哪些动人的故事？听我一一讲来。

一

山中多古村

2012年12月17日，国家组织开展了全国第一次传统村落摸底调查，北京市有9个村落入选第一批中国传统村落名录，其中，门头沟区就有6个。而今，北京市已有22个传统村落被列入中国传统村落名录，其中门头沟区有12个。它们是琉璃渠村、三家店村、爨底下村、黄岭西村、马栏村、千军台村、灵水村、苇子水村、碣石村、沿河城村、西胡林村和东石古岩村。

2018年3月9日，北京市住房和城乡建设委员会发布《北京市人民政府办公厅关于加强传统村落保护发展的指导意见》，公布了北京市44个首批市级传统村落名录，其中门头沟区有14个。除了上面提到的那些村落，还有清水镇张家庄村和燕家台村。

此外，爨底下村、灵水村和琉璃渠村3个村落因其独特的历史文化价值同时被收录到中国历史文化名村名录之中。这充分说明这几个村落不论是遗存的建筑，还是淳朴的民风，都有着深深的历史印记，能较完整地反映

俯瞰爨底下村（李瑞华摄）

一些历史时期的传统风貌和地方民族特色。这些古村落是京西古代文化的重要标志和历史见证，向世人展示了北京城市深厚历史内涵的一个独特的侧面。

除了入选国家和北京市传统村落名录的古村，门头沟区还有很多村落也较好地保留了明清时期的村落原貌，可以说村村有古迹。总体来说，门头沟区的传统村落占北京市传统村落数量的70%左右。

从地理分布来看，门头沟区传统村落分布相对比较集中，斋堂镇的传统村落数量最多。因为斋堂镇地形复杂，以山地为主，这些传统村落地理位置相对闭塞，交通不便利，因此得以较好地保存到今天。爨底下村、灵水村、黄岭西村、沿河城村、马栏村、西胡林村共6个入选的市级传统村落都坐落于斋堂镇。

此外，入选市级传统村落名录的还有龙泉镇的琉璃渠村、三家店村2个传统村落，雁翅镇的碣石村、苇子水村2个传统村落，以及王平镇的东石古岩村1个传统村落，大台办事处的千军台村1个传统村落。而门头沟的其他镇如军庄镇、潭柘寺镇、永定镇等则没有入选的。

　　门头沟区的传统村落多集中在斋堂镇和雁翅镇，且主要分布在109国道两侧。一方面，这些村落大多分布在山区，山区广袤、交通不便，高大的山脉阻挡了这些村落与外界世俗的交往，也阻隔了外面战乱的纷扰，历史上少有大规模战乱破坏，使得这些村落历经几百年的沧桑变化仍能得以完整保存。另一方面，由于这些村落比较靠近主要的交通线路，使得村民们也能够比较方便地与外界互通有无，进退自由，因此，这些村落能够得以延续和发展，直到今天仍旧充满了生机和活力，没有被湮没在历史的长河之中。

冠名"马栏黄土"的马栏村

02 依山就势藏古村

门头沟区的传统村落不仅数量多,类型也丰富多样,各具特色。大致可以分为以下几种类型。

第一类是军事边塞型,如沿河城村、千军台村等。

沿河城村自古以来就是驻军屯兵重地,护卫着明代长城内三关之紫荆关,沿河城建有城墙防御工事,整个村落被城墙完全包裹,呈现出防御性集中式布局,村落内地形变化比较平缓,房屋排列沿平行于等高线的方向修建,有城墙、城门、敌台等众多历史遗迹。

千军台村是有着千余年历史的古村落,坐落于百花山下,京西古道主干道西山大路穿村而过,从村名就依稀可见历史过往。直到今天,村西边还保留着供奉战国名将孙膑、庞涓的王老庵遗址。还有大寒岭关城仍屹立在山口之上,等待着动地而来的千军万马。

曾经的军事要塞沿河城村(董恒年摄)

第二类是工商重镇型,如三家店村和琉璃渠村。

三家店村地处永定河古渡口,数条古道交会于此。明代以来,这里就是京西最主要的货物集散地,村内店铺林立,人流熙攘。村中现存文物古迹众多,天利煤厂、龙王庙、白衣观音庵、二郎庙、关帝庙、铁锚寺和山西会馆等历史古迹都保存完好。

琉璃渠村地处九龙山东麓永定河边,依山傍水,景色秀美。昔日的琉璃渠不仅是享誉京城的琉璃之乡,还是店铺林立的商业重地。目前该村保存完整的古迹有黄琉璃顶清代过街天桥、赵氏商宅院等。不仅古迹众多,作为曾经的中国皇家琉璃生产基地,该村的辽窑文化、琉璃文化也是源远流长。

琉璃渠村街边的琉璃花盆

第三类是传统聚落型,这类村落是数量最多的,典型代表为爨底下村。

爨底下村位于斋堂川中部,依山谷缓坡而建,距今已有400多年历史,现仍保存着70多座明清时代的四合院民居。

村名有传说

门头沟区不仅古村多,村名也很有特色,每个村名背后或是一个神秘的故事,或是一个有趣的传说。这些五花八门的村名也是西山历史文化的组成部分,共同形成了今天门头沟的地域文化。这里就先说说赵家台和岢罗坨的故事吧。

赵家台是门头沟区潭柘寺镇的一个神秘的废弃老村,坐落在潭柘寺和戒台寺之间,距北京市中心30千米。今天,这个古村已经是一座静谧的空村,隐没在山野之中,残垣断壁和斑驳石墙描绘着岁月的痕迹,诉说着历史的沧桑。虽然老村已无人居住,但这个名字并没有被人们遗忘,不仅是因为赵家台新村已在另一个地方拔地而起,更多的是因为隐藏在这个名字背后的一个个神秘而有趣的传说,不断吸引着人们想去探古寻幽……

沿着108国道一路向西,到了潭柘寺镇,就会看到路边一片崭新的村庄,看看地图,上面写着"赵家台村"。当地村民称,这就是赵家台新村,而老村还要沿着山路向西北行进,道路会在南辛房村一分为二,右边一路继续向北可达潭柘寺,左边一路则通往老村。到了目的地,就看见公路北侧山腰处有一片平台,这个平台东、北、西三面环山,南侧连接这条

公路。原来，赵家台是建在一个平台上的村庄。只是这里已经变得寂寥荒芜，野草萋萋，不过古风犹在，古韵犹存，透过疏影残墙依稀可见厚重的历史。

关于赵家台，有很多传说。一个传说讲，最早来这里定居的是一户姓赵的人家，因为村庄建在平台之上，因此得名"赵家台"。另一个传说则比较复杂。在很久以前，最早定居此处的是两户人家，一户叫陈建业，靠种菜、贩菜为生；另一户叫蒋有山，靠栽树、贩木为继，因此这里有"陈家园子蒋家坡"的说法。到了北宋年间，忽然有一群穿着华丽的陌生人闯进村庄，赶走了陈、蒋两家，占据了这里。当时人们认为，这群人是宋朝的皇室，因为皇室都姓赵，因此村子得名"赵家台"。

赵家台老村不仅历史悠久，还是一个非常有特色的村庄。这里一直流传着一句话："纸糊的北京城，铁打的赵家台。"这是因为村内的古地道蜿蜒曲折贯通了全村，形成了连为一体的地道网，然后在地道的关键出入口建设了三座敌楼。村民传说这三座敌楼分别称为南宅楼、北宅楼、东高楼。至于地道建造的时间，普遍认为是在明清时期。还有一种说法是在宋朝赵家人占据村子时就挖了地道，但这种说法毕竟只是传说，已无法考证。不过从村内的旧宅、碑刻等其他遗迹，可考证的历史可至明清时期。正是这些古地道网曾经构成了这座古村坚固的防御体系，也为赵家台赢得了"铁台坨"的美誉。

戒台寺附近也有一个村子，名字更为奇特，叫岢罗坨。如果只看这几个字，完全想不明白这是什么意思。其实，这个名字背后也有不少传说。

岢罗坨村是一个小村子，坐落在一个小山峪里，三面环山，村北是石龙山，村南是六国岭，村西是罗睺岭。虽然岢罗坨村只是一个小村庄，但是它却位于庞潭古道上。庞潭古道是一条去往戒台寺、潭柘寺的古香道。

不仅如此,它在古香道上的位置还非常重要。因为庞潭古道在渡过永定河以后,道路虽然曲折,但基本都是平路。可从岢罗坨村开始,进香的人就要爬山了。所以,这个小村庄是古香道的一个重要转折点。正是这些原因,使得这个小村庄迅速发展起来,而且还挺有名气。

据说,这个小村庄最初的名字叫拴马庄。说起这个名字,就要从潭柘寺建寺说起。"先有潭柘寺,后有北京城"。潭柘寺建寺是比较早的。那时交通还不发达,潭柘寺建成以后,人们要翻山越岭去进香。由于山路崎岖、路途遥远,很多人都是骑马去的。快到潭柘寺的时候,骑马的人就将马拴在山下一个李姓人家的门前,然后爬山去潭柘寺进香。所以,进香的人就把这里称为"拴马庄"。

进香的人都把马拴在了李家,在爬山前要休整一下,进香回来下山后也要休息一下,因此李家就成了香客休息的地方,后来人们又把这里称为"李家峪",意思是"在山谷中的李家相遇"。还有一种说法,是因为这个小村分布在一个小山峪中,村里人多姓李,所以才叫李家峪。

而"岢罗坨"这个名字则是明代改的。据说,明太祖朱元璋和他的马皇后感情非常好,有一次马皇后得了重病,遍寻名医而不得治,后来戒台寺的住持治好了马皇后的病,朱元璋龙颜大悦,为了褒奖住持,就将戒台寺下的小山村李家峪改名为岢罗坨。那么,为什么叫"岢罗坨"呢?因为当时全国共有五大佛教圣地:除了北京的潭柘寺、戒台寺,还有山西的岢山、河南的罗山和浙江的普陀山,朱元璋将岢山、罗山、普陀山的其中一个字连起来就成了"岢罗坨",寓意北京以外的三处佛教圣地,再加上小村庄附近的潭柘寺、戒台寺,就凑齐了全国五大佛教圣地。这是"岢罗坨"村名来源的最主流的一种说法。

还有一种说法是"岢罗坨"源于"磕了头",因为去潭柘寺进香的人

都要路经此村,他们都习惯在此休息一下,而村民们称进香的人为"磕了头的"。慢慢地,"磕了头"就演化成了"岢罗坨"。

此外,还有一些其他的说法。有人说"岢罗坨"来自梵文,也有人说"岢罗坨"来自"坎坷"一词。不管哪种说法,大致都和佛教有那么点关系,毕竟去潭、戒两寺都要路过这个重要的地点。

浓浓烟火气

传统村落作为农耕文明演绎变迁的见证,不仅是祖先留给我们的丰厚遗产,也是寄托我们乡愁的精神家园。近年来,随着传统村落保护工作的推进,已形成了一批内容价值丰富、保护完整、活态传承的农耕文明遗产保护群。同时,通过活化利用、以用促保,进一步激发了传统村落保护发展的内生动力,使得传统村落焕发出新的生机和活力。

以门头沟区为例,传统村落数量多,保存较完整,建筑风格比较独特,具有较高的文物民俗人文观赏价值和审美价值,旅游开发潜力巨大。

门头沟区的古村落主要分布在永定河流域斋堂镇,自然生态环境好,以爨底下村、沿河城村为代表的一批传统村落整体格局风貌保存完好。还有以京西幡会、妙峰山庙会、柏峪秧歌戏、龙泉务童子大鼓等为代表的丰富的非物质文化遗产。最难能可贵的是,门头沟的传统村落目前仍然有浓浓的烟火气,这些活态的原住民生活风貌更是对城市居民具有强烈的吸引力。

02 依山就势藏古村

如今,在北京市扎实推进建设美丽乡村的大背景下,门头沟区的传统村落乡村休闲旅游业更是迎来发展的新契机。人们来这里纵情山水,访古探幽,享受宁静,寄托乡愁。

爨底下村的青石板古街(叶盛东摄)

千军台村的非物质文化遗产京西幡会（张勃摄）

02 依山就势藏古村

不过，如何保护和利用好这些得天独厚的旅游资源也是一个特别值得重视的问题。近年来门头沟区不遗余力地挖掘整理保护既有文物资源和古村落文化资源，在古村落保护方面已实现了博物馆式保护、历史街区式保护、原生态保护、旅游开发式保护、特色产业式保护等多种保护模式。同时，在保护的基础上也在积极探索传统村落的开发模式，很多传统村落脱颖而出。如门头沟区斋堂镇爨底下村、黄岭西村和妙峰山镇炭厂村成功入选北京市文化和旅游局发布的31个乡村旅游重点村。

爨底下村以明清古民居群驰名。其自然地理潜力和生态环境条件与村民生产、生活的需求相结合，形成独特的村落特征。主要景观有一线天、财主院等。

黄岭西村为典型的山地村落，整体格局清晰，风貌古朴自然。2019年，黄岭西村顺应潮流打造精品民宿，让游客们能深度理解这里的历史文化，达到民与宿结合。目前已形成以红色旅游、古民居游和高端民宿为特色的京西旅游区。

炭厂村位于妙峰山镇群山之中，依托神泉峡景区发展旅游和民俗接待，后又开发冰瀑景观，形成了四季旅游产业链。在此基础上，炭厂村深挖村庄红色文化，打造了村史博物馆、抗战史实铜塑等红色教育基地，增添了文化旅游要素。

2018年起，门头沟区全面实施"百村示范、千村整治"工程，雁翅镇、潭柘寺镇、妙峰山镇、王平镇4个镇的15个村被列为示范村建设重点。同时，门头沟区积极开展人居环境整治，将会创建更多宜居宜业的美丽乡村示范村。

黄岭西村（逯艳玲摄）

黄岭西村民宿

03 京西古道知多少

"枯藤老树昏鸦，小桥流水人家，古道西风瘦马。夕阳西下，断肠人在天涯。"元代马致远这首脍炙人口的《天净沙·秋思》为我们描绘了一幅秋郊夕照图。远在天涯的游子骑一匹瘦马出现在一条秋风萧瑟的古道上，勾起了人们思念故乡、倦于漂泊的一缕愁绪。那么，那条古道究竟在哪里呢？

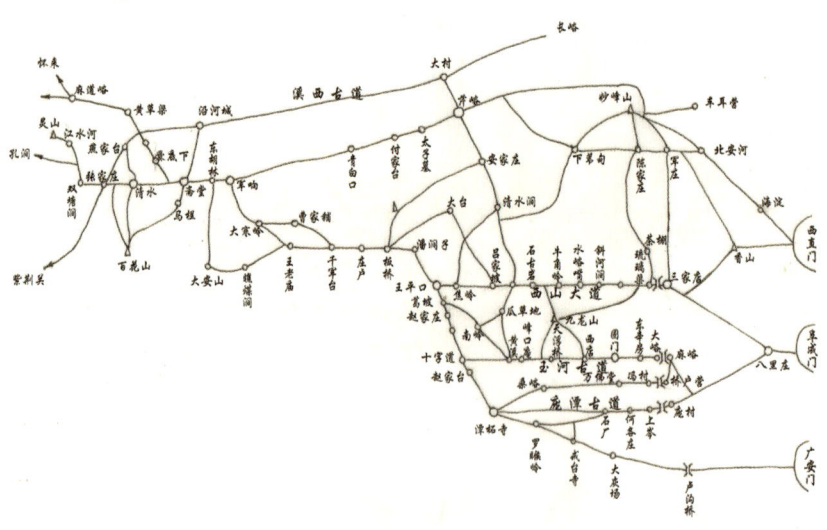

京西古道示意图（作者自绘）

其实，没人知道那条古道具体在哪里，但是可以告诉你，那一定是京西古道中的某一条。京西古道是北京西部地区、永定河中上游流域所有古老道路的统称，它以西山大道为主干线，其中道、南道、北道为主要组成部分，连接着各条支线道路。京西古道像一张大网横纵交错在门头沟全境，这些古道根据主要用途的不同又被分为古商道、古军道和古香道，同时它们又互联互通，和散布在道路两侧的古村、古寺、遗迹、传说一起构成了丰富而厚重的古道文化,吸引着人们前来寻古探幽。

商道运乌金

古商道的主要功能是商品运输。门头沟的大山之中遍藏乌金,又出产石材,更有琉璃渠的琉璃、龙泉务的瓷器等闻名京城,于是,拉煤运货的驼马成群结队,往来于京城和西部山区之间,甚至远至内蒙古、山西等地,形成了纵横交错的古商道。古商道又有3条主要的道路,分别是西山大路北道、玉河大道和新潭古道。

西山大路北道是古商道的主干线,是京西古道中历史最悠久的一条。它东起三家店,过永定河后经琉璃渠,越丑儿岭,经斜河涧、水峪嘴,翻牛角岭,再经桥儿涧、马各庄、石古岩、色树坟,到王平村为止,基本上是沿着永定河谷而行。过去斋堂地区所产煤炭,大部分通过这条古道外运出山,这条古道是京西古道中使用时间最长的一条,一直到1977年下清(下苇甸至清水)公路修通之后,才自然废止。

这条古道上的遗迹主要集

西山大路北道(李瑞华摄)

中在牛角岭，包括牛角岭关城和石碑两块，一块是清乾隆四十二年（1777年）所立永远免夫交界碑，另一块是清同治十一年（1872年）所立重修西

永远免夫交界碑

山大路碑[1]。碑文记载了同治十年（1871年），暴雨冲毁道路，民间捐资修路的情况。此碑一共刻了两块，另一块存于三家店村白衣观音庵内。当时捐资修路的以三家店和琉璃渠两村的商业店铺为主，内有十几家煤厂，这也表明这条古道当年是煤商们的经济命脉。

玉河大道就是西山大道中道，东起今石景山区的麻峪村，跨过永定河后进入大峪村，再经东辛房、圈门、孙桥、天桥浮、孟家胡同、官厅、峰

白衣观音庵

---

[1] 重修西山大路碑记载："盖闻造桥梁以济人渡，修道路以便人行，务民之义，此善举第一也。况西山一带仰赖乌金以资生理，而京师炊爨之用，尤不可缺。道路忽尔梗塞，各行生计攸关。"

口庵、黄石港，直到王平口为止，全长约27.5千米。这条大道在唐代末年就已存在了。唐哀宗天祐三年（906年），当时的军阀刘仁恭设置玉河县（辖区包括了今门头沟区大部分）。因为这条大道贯穿玉河县的中心，故称其为"玉河大道"。

玉河大道历史悠久，周边两侧的遗迹、故事和传说较多。这条大道从麻峪到圈门经过的是平原地区，道路较宽，可以通行铁瓦大车。从门头口到官厅，逐渐进入峡谷地带，道路傍山沿沟而建，两侧山坡下煤窑众多，村落街道沿沟而建，号称"十三里长街"。这段道路东段坡度较缓，西段坡度较大，从官厅开始上九龙山，到山顶的峰口庵，全长3千米，因道路曲折，坡度较大，故称"十八折"。因坡度越来越大，从官厅开始，货运只能靠毛驴和骡子驮运了。

道路所经峰口庵垭口处，建有关城，关城西侧现存有峰口庵庙堂遗址和马王庙遗址。还有石碑4块，分别是乾隆四十二年（1777年）的永远免夫交界碑、道光十四年（1834年）的重修峰口庵东西山路碑记和峰口庵碑和咸丰二年（1852年）的续立峰口庵道德行善碑。

新潭古道是指从辛称通往潭柘寺的古道。辛称古称新城，是永定河上的一处渡口。新潭古道从新城经何各庄、太清观、万佛堂，翻红庙岭，经桑峪，到达潭柘寺。历史上潭柘寺地区所产煤炭，大部分由这条古道运往山外。在万佛堂西，有一个地方叫黑地，当时就是运输煤炭的中转站。

过去门头沟山区所产煤炭主要通过以上3条古道运送出山，运输工具是毛驴、骡子等。在这些古道之上，驮队日夜不停地来来往往，牲畜的铁蹄日踏夜踩，在路面上留下了深深的蹄窝。如今，在牛角岭关城、峰口庵关城以及新潭古道的红庙岭等地附近，都可以看到这些蹄窝。

香道走香客

　　古香道是过去上山进香的香客们所走的道路。去门头沟进香,主要有两个方向,一是去潭柘寺、戒台寺这个方向,为南路古香道;二是去妙峰山娘娘庙这个方向,为北路古香道。其实每个方向都有数条古道可以通达,其中最有名的是庞潭古道、芦潭古道和妙峰山古香道。

　　庞潭古道与芦潭古道都是连接潭柘寺的古道,如今保存得比较完整。潭柘寺是著名的皇家寺庙,历史悠久,规模宏大,民间自古就有"先有潭柘寺,后有北京城"的说法。古时有数条大道连通潭柘寺和北京城。其中庞潭古道从石景山区庞村渡口过永定河到潭柘寺,又称西山大道南道,也是西山大道主干道之一。这条古香道保留较好的一段是岢罗坨村至戒台寺段,徒步大约需半小时。

　　南路古香道另一条保存较好的是芦潭古道,它东起卢沟桥,西至潭柘寺,在石佛村至石牌坊之间的一段保存完好。在南路古香道两侧,分布着一些与寺庙相关的村落,最典型的是石佛村、秋坡村、岢罗坨村,这3个村因戒台寺而出名,与戒台寺的进香活动关系密切。

　　北路古香道主要是通往妙峰山娘娘庙。明末至清、民国时期,中国北方京津地区香火最旺盛的地方,就是供奉天仙圣母碧霞元君的妙峰山娘娘庙了。妙峰山庙会期间,北京、天津、河北、河南、山东,甚至全国各地以及日本、东南亚各国的香客信徒们,纷纷前来朝顶进香。去往妙峰山进香的古香道有多条,主要的有4条,分别是南道、中道、中北道、老北道。

南道从门头沟的三家店村起，经军庄（后来改走琉璃渠）、桃园、南庄、仰山十八盘、樱桃沟村、栖隐寺（又名仰山寺）到涧沟村。那时，三家店村是京西古道上的重镇，来往客商都要在此休整。在庙会期间，各地香客更是云集在此。在南道的东边有一条分岔香道，称中南道，它也是从三家店起，经军庄、灰峪村、六郎塔到仰山寺，再与南路会合。从此道走可以游六郎塔、赏建阳古洞。

中道从海淀区的徐各庄起，经大觉寺、寨尔峪、冷风口、三百六十胳臂肘、五道岭、萝卜地到涧沟。

中北道是过去到娘娘庙进香的主香道。从北安河村起，经环谷园、响墙茶棚、骆驼石、古刹金山寺、瓜打石、快活三里、妙儿洼到涧沟。当年慈禧太后就是从这条香道让宫人抬着坐轿进香的。现在这条古香道已开辟为阳台山自然风景区。

老北道是从聂各庄或抬头村起，经关帝庙或龙泉寺，到车耳营古村落，经双龙岭、磕头岭、鲜花洞、悬空寺、张玉亭墓和贵子港到涧沟。

说起妙峰山香道，还有一条就从琉璃渠村的万缘同善茶棚前面经过。万缘同善茶棚曾经是通往妙峰山香道上最大的茶棚。每年庙会期间，香客们从这条香道走过，途经这里可以休息和饮食。

万缘同善茶棚前的古香道

军道连关隘

北京居庸关关沟以西,南抵拒马河畔的太行山地,称北京西山。西山南北绵延百余千米,东西纵深50余千米,历代统治者都视其为北京西部边陲的天然屏障。但是,这道天然屏障也不是不可逾越的天险。因为西山山脉最高也不过一两千米,而且山间峡谷隘口众多,所以历朝历代都会在西山修筑长城。只是西山的长城并非完全相连,主要修筑在关隘之处,而险峻之地可借助山体作为屏障。所以北京西山的长城是断断续续的,因此,京西的这些难守易攻的关隘之地就成了防御的重中之重。

从春秋时期开始,各个朝代都会在西山的关隘之地设置关口。大道为关,小道为口。到了元明清时期,西山就设有关口22个,每个关口都建有关城,正中的券门通行货物、车马和行人,两侧的小圈洞用来存放兵器。如果现在到斋堂镇沿河城村,会看到保存完好的关城、券门和圈洞,只是里面已没有了兵器。不过,站在城墙上俯瞰来路,那种"一夫当关,万夫莫开"的感觉会油然而生。

目前,在门头沟境内看到的长城主要是明长城。明长城分为内长城和外长城,居庸关八达岭一线长城为外长城,设重兵守卫,而京西地区的长城属内长城,仅列兵布防而已。不过敌人也会出其不意地从西山内长城突破,明正统十四年(1449年)和嘉靖二十九年(1550年),西山内长城防线曾经两次被攻破,后来,明朝开始大力加强西山防御。明军首先在天津关设置第一道边关,再于天津关西北处的制高点黄草梁上加筑烽火台。当时在内长城沿线建有烽火台近1500座,烽火台之间有城墙连缀,构成严密的防御体系。

今天，在海拔1700多米的黄草梁上，一道雄伟的长城横贯山顶，有保存完好的7座烽火台，民间称其为"七座楼"。

天津关东面的沿河城更是扼守两道山口和一条水口，因此明朝在这里修筑城堡，并设守御千户所驻防，驻军最多时有2000多人，又在沿河城南面的斋堂再建一座辅城。斋堂辅城与沿河主城形成了掎角之势，便于战时的相互增援。

京西古道中的一部分就是在这些关城之间用于连通、补给等用途的道路，这些道路又被称作古军道。古军道往往和古商道合而为一，平时行商，战时行军。

明长城敌楼

03 京西古道知多少

其中，王平古道就是一条典型的通用古道。王平古道由西山大道、玉河古道、永定河岸古道以及一些分支古道构成。各路京西古道在王平口汇集，被称为"过山总路"。有人说，王平古道是京西古道中最美丽、最丰富的一部分，这话一点儿也不为过。王平古道两侧众多遗迹集中分布，有马致远故居、关帝庙、三义庙，有各种碑志刻石、蹄窝遗存，还有囚禁宋徽宗和宋钦宗的大寨。更有几个著名的关城，都可以看出当年这条古道的战略地位。

首先就是王平口关城，王平口因其地处西山入京咽喉，元代已在此设兵把守；明清时期此关城是扼守京西古道的重要关口。据《明实录北京史料》记载，明洪武六年（1373年），淮安侯华云龙受命镇守北平时，曾上书"王平口至官坐岭口关隘有九，约去五百里，俱系衔要之地，并宜设兵守之"。

王平口关城位于王平镇王平口村，始建于明代。明代在此设宛平县王平口巡检司，辖三十八村，并建关城。清代则是绿营兵平罗营王平汛防地，设把总，直到清末，王平口一直是驻防要塞。关城城门为东西向，城门及城墙南北与山峰相连。城门为山石砌筑，券洞宽3.7米，进深5.4米。不过今券洞已毁，只留关城残墙南北各有几百米。王平口关城遗迹是门头沟区第二批文物保护单位。

此外，牛角岭和峰口庵也是重要的关口。牛角岭关城是当时捕衙南乡与王平口巡检司的分水岭，也是重要的收费关隘，被称为西出京西古道的第一隘口。峰口庵关口大概建于金国海陵王时期，当时海陵王完颜亮迁都燕京，在各处重要的入京险要地段都设有关卡，主要用于军事防御用途。现在，翻越牛角岭关城和峰口庵关口两段古道，已经成为游客最喜欢的两条徒步路线。

袅袅炊烟在浅山：京郊村落记忆 ｜门头沟卷

明代沈榜所著《宛署杂记》中将王平口称为"过山总路"。因为京西古道的北、中、南各路于王平口会合后，出关城，过口西，沿着潘涧沟东侧悬崖中部向北，过玉成桥，经窄石台、玉皇庙南、木城涧沟口、黑虎桥、唐家地、金锁桥、福龙桥、磨石庵、鳌鱼桥、黑牛桥、千军台老桥、千军台村、王老庙，路分两支，西南去大安山，为玉河古道；西北去大寒岭，为西山大道。

牛角岭关城

游客徒步忙

黯淡了刀光剑影，远去了骡马铃声。今天，京西古道再看不到成队的商旅，也看不到戍边的军士，更看不到三步一拜的香客。但京西古道依然热闹而繁忙，取而代之的是各路游客，京西古道是他们最喜欢的徒步路线。其中，游客最常徒步穿越的路线有以下几条。

第一条是京西古道圈门——潭柘寺徒步穿越线路。具体路线是从圈门出发，经宽街、三家店村、天桥浮村、官厅煤矿、峰口庵、雷达站、龙潭到达潭柘寺，全程约15千米。在这个行程里，由圈门途经三家店村、天桥浮村和官厅煤矿到峰口庵为玉河古道的一段，而经过雷达站、龙潭则到了新潭古道的终点潭柘寺。

这条线路周边值得一看的景点主要有圈门戏楼、圈门过街楼、三家店村、天桥浮村、官厅煤矿、峰口庵、蹄窝、雷达站、龙潭和潭柘寺。

第二条是京西古道王平——圈门徒步穿越线路。具体路线是从王平矿口开始穿越，到达小木桥后左走，循着防火通道上行，到达抢风口，接着前行左转沿小路到达峰口庵，看过蹄窝后原路返回，从峰口庵下撤到达天梯，再一路前行穿过村子到达圈门。

这条线路比较险峻，但也能看到圈门戏楼、圈门过街楼、峰口庵、蹄窝以及沿途的自然风光。

第三条是东石古岩村——琉璃渠村徒步穿越线路。具体路线是从东石古岩村出发，沿途经过马致远故居、桥耳涧村、牛角岭关城、铁匠铺、斜河涧村、丑儿岭到达琉璃渠村。

这条线路比较悠闲,全程13.5千米,最大爬升260米。沿途人文景点比较多,主要有马致远故居、关帝庙、牛角岭关城、蹄窝、军事酒吧等。

马致远故居旁穿村而过的古道

已纳入国家步道的穿越路线

其实,京西古道纵横交错,商道、香道、军道混杂在一起,与其说它是几条道路,不如说它是一张大网,把京西的美景、古迹、风物、人情"一网打尽"。

今天,游客喜欢徒步的路线很多都已经被纳入国家步道,沿途风光无限,一边欣赏美景,一边怀古溯源,不亦乐乎!

04 水陆交汇三家店

"永定河畔水闸东,京西古道第一村",没错,这就是三家店,一个千年古村。如今的三家店村,也是众多荣耀加身:2002年入选北京第二批历史文化保护区,2012年入选第一批中国传统村落名录,2018年入选北京首批市级传统村落名录。

从地理位置来看,三家店村位于龙泉镇东部,永定河出山口。西连太行山,东望北京湾平原,是北京城连接京西山区,远达河北、山西的交通枢纽。三家店村是个大村,整个村落分为东店、中店、西店三部分。

最早三家店

和门头沟的其他村庄不同,三家店村是一个人口超过2万的大村。村庄的形态也与众不同,一条长长的街道纵贯整个村庄,民居和店铺参差错落地布满街道两侧。黄昏时分,炊烟和雾霭让整个村子显得温暖而朦胧。走在人来人往的街道上,想象着这里昔日的喧嚣与繁华,仿佛自己已回到了明清时期。然而,几百年过去了,这里已不再是那个鼎鼎大名的京西重镇了,只有那高高的门楼、精美的石雕、斑驳的影壁和苍劲的古槐仍在诉说着这里曾经的辉煌。

作为连接北京城与西山的"门户",三家店村的文化积淀和历史脉络可谓辉煌:浩浩汤汤永定河在西山奔涌而出,形成京西最大的一个古渡口;山地与平原在这里交错相连,使这里成为京西古道的起点;这里距离

04 水陆交汇三家店

今日三家店村主街

北京城约为30千米,正好是旧时步行一天的行程,于是东行西进的各色人等都会在此打尖住店,不仅包括通过京西古道做生意的商人,甚至包括往来妙峰山娘娘庙进香的成千上万的香客。于是,越来越多的商人来此开店,促进了三家店村餐饮、旅游、商贸、运输等诸多行业的发展,使三家店村逐渐成为"西山内外的物资集散地和商贸中心"。

说到"三家店"这个名字,有意思的是重名的很多,中国有名的"三家店"就有10多个,不出名的"三家店"应该还有更多。但是不管是哪里的"三家店",名字的由来几乎是同样的,都是最初有三家店铺,或者有三家住户。

而门头沟三家店村的由来也有两种说法:一种说法是最早在此定居的只有三家,至于哪三家,有的说是高、殷、王三家,有的说是张、刘、杨三家，还有的说是田、王、赵三家，到底是哪三家已难以考证；另一种说法是由于东来西往的客商越来越多，生意越来越兴隆，住店的人也越来越多，于是这里的旅店也多起来，供来往人员休息，而最早在此开旅店的有三家店，至于最早的店铺是哪三家，也是莫衷一是，不管怎么说，"三家店"的名字就此流传下来。后来，店铺越来越多，自然形成一条三里长街，成为京西煤炭、琉璃、石灰、林果、粮食的集散地。兴盛时期村中曾有商号342家，煤厂92家，灰厂1家，木厂1家，地庄10家，花炮厂1家[1]。

不过，三家店村的老村址并不在现在的位置，而是在现三家店村小山后的曹家沟。现在三家店村所在的位置原来是永定河的故道，所以，过去的村民都是在曹家沟和蟠龙岭前的台地上居住。元末修运河时，村民才迁至现在的村址。

曾经古渡口

三家店村最早在永定河的古渡口旁，现在村中的一些古迹或多或少都与永定河有着千丝万缕的联系。

永定河，是北京市域内最大的河流，古称㶟水，隋代称桑干河，金代称卢沟，旧名无定河，也被称为"北京的母亲河"。它发源于黄土高原，

---

[1] 门头沟区村落文化志编委会编：《门头沟村落文化志》，北京燕山出版社2008年版。

04 水陆交汇三家店

在北京西部的崇山峻岭中蜿蜒流过,从三家店村出山,裹挟来大量的泥沙,造就了北京小平原。曾经,源源不断的永定河,润泽了群山,浸湿了平原,滋养繁荣了这片土地。

但是,由于永定河上游黄土高原森林覆盖率低,水土流失严重,河水混浊,泥沙淤积,日久形成地上河。而永定河流域夏季又多暴雨、洪水,导致河床经常变动,迁徙无常,所以又称无定河。永定河的水患无常让下游百姓深受其苦,于是,他们要祭祀、要祈福,所以扼守永定河出山口的三家店村至今还有保存完整的龙王庙、铁锚寺、观音庵等。

三家店村的龙王庙,是京西数十座龙王庙中香火最盛的。三家店村龙王庙前身叫龙兴庵,建于明代,坐东朝西,正殿三间,左右配殿各三间,均为硬山顶。门楼上镶石额"古刹龙王庙",大殿前出廊,廊下立清顺治、乾隆、光绪时期三通石碑。正殿龛台上供着五尊神像:东海、西海、南海、北海四尊龙神像,以及永定河神像,两旁有雷公、电母等塑像。

民间传说,农历六月十三是河神生日。过去,每到河神生日这一天,附近村庄农工商户会聚于此,燃烛焚香,叩拜河神。仪式结束后,将猪、羊等祭品抛入河中,而周围的村民都要到龙王庙吃寿面,给河神祝寿,以

三家店村龙王庙

祈求河神庇佑，保百姓太平。今天，虽然看不到渡口，没有了商船，曾经的无定河也变成了永定河，但龙王庙还在，传说还在，老人们谈起给河神过生日还是眉飞色舞，兴味十足。据说三家店村龙王庙的河神名气还比较大呢，有四任皇帝都曾经敕封过它。

三家店村还有一座关帝庙铁锚寺，建成于明万历二十年（1592年）以前。寺庙坐东朝西，门楼上刻"关帝庙铁锚寺"六个大字。正殿三间，两厢还各有配殿三间。当年永定河古渡口船只往来频繁，因永定河水流湍急，人们就造了一个有4爪、高1米、重约200千克的大铁锚，用来在码头固定摆渡的船只。后来，通往京西的古道上修了桥，渡船的大铁锚就用不着了，被当地人搬进庙里供奉起来，于是这座庙也改叫铁锚寺了。可惜的是现在铁锚已不复存在，但整座庙的建筑形制依然保留。

关帝庙铁锚寺

不仅如此，古渡口也成就了三家店村的兴盛，使三家店村成为连接京西山区与北京平原的交通枢纽。明清时期这里人来人往，车水马龙，三里长街，各种商铺沿街排列多达200多家。

清末诗人爱新觉罗·宝廷的《三家店》诗云："孤村荒僻说三家，雨后凭高望眼赊。万树拥云吞落日，乱山挟水走平沙。重重岭色连天远，曲曲河流抢店斜。兴到呼童沽薄酒，诗成沉醉乐无涯。"可见，永定河和三家店村已融为一体，共同构成一幅美妙的画面。

老街述繁华

三家店村现在依然是一条长街贯穿南北，长街两侧依然是店铺林立，虽然已不复往日的繁华，但还保留着很多老建筑，有寺庙，有店铺，还有宅院。除了前面说过的龙王庙、铁锚寺，还有白衣观音庵、二郎庙、天利煤厂、山西会馆以及很多老院。

其中，天利煤厂建筑群是三家店村最典型的民居建筑。沿着三家店的主街从南向北走过去，可以看到街边门牌73、75、77号院，就是原来的天利煤厂，即殷家大院。天利煤厂位于三家店中街，占地3508平方米，包括三组院落，构成一处完整的大型四合院。当时，殷家居住在中院（即75号院），这个院落是三进四合院，共有36间房。大门开在西南角，与倒座房相连，门前有石门墩一对。大门内西房和东房都有精美的影壁，东西厢房各两间，硬山卷棚顶，石望板，灰筒瓦。一进和二进院之间有一门楼，清水脊，戗檐砖雕。全院青石铺地，正房五间，东西两厢配房各三间。后院房屋较前二进院更为精良，是殷家长者居住的院落。西院为一组二进跨

三家店小学是曾经的山西会馆

院，无东房，大门开在西南角。这个院有房12间，过去是煤厂工人居住用房，还算宽敞。

天利煤厂是北京唯一保存完整的清代煤厂遗迹，由祖籍山东青州府的殷姓家族创建于清咸丰年间，如今已被列为市级文物保护单位。

以殷家大院为代表的三家店建筑是京西民居的典型代表。在格局上，多为前后两进院，以平安门隔开。前院开东南巽门，正对借东厢房南山墙安影壁，厢房遮去正房的两梢间，与北京城内四合院不同。就做法而言，京西民居铺瓦讲究对垄分间，做成麦穗垄的形式。望板有木望板、石望板和苇帘三种，等级递降。有趣的是，石望板下连檐木做出"落科"，细部精致。在装饰方面，砖雕、木雕艺术性较高，图案精美，意寓美好。现在

曾经的天利煤厂

村中仍保留大量砖雕精品,并有少量隔扇存留。

三家店古村依旧保持着明清时期古村居的原始风貌,传统庭院与崎岖的山势巧妙融合,构成了独具特色的古民居建筑群。

漫步在三家店村的长街上,可以看到路边有不少清代民居,如果看得仔细一点,会发现这里的古民居不同于其他山村,门额、瓦当、影壁、门柱、门墩、拴马石都雕刻着精美的图案,具有较高的历史价值和艺术价值。特别是这里的砖雕很有代表性,有京西特色。因为当时这里的雕刻工匠都来自民间,所以他们雕刻的图案都来自日常生活所见,富于生活气息,描绘了当地人的生活场景和美好愿望,和北京城里的官府雕饰风格截然不同,整个村庄就是一座"京西砖雕博物馆"。

三家店村的建筑装饰以砖雕和石雕为主,木雕较少,雕刻内容有博古、菊花锦、竹叶锦、牡丹花、丁字锦等图案。砖雕和石雕主要集中在门楣、墀头、影壁、门枕石、脊饰等处。门头门楣上的砖雕分为浮雕、透雕两种，雕刻图案由锦文、花卉、珍禽、瑞兽、水果、蔬菜等组合而成。其间有卷草和连珠文连接，图案繁复而精美，墀头雕饰以花卉卷草为主，有些人家盘头下面还有垫花，细腻精美。影壁上往往雕刻一些象征吉祥富贵的图案，比如喜鹊衔梅、猴子献桃、松梅瑞兽、凤穿牡丹等。门枕石上的图案多以珍禽瑞兽、花鸟如意为主，比如瑞鹿、公鸡、喜鹊、骏马、猴子、蝙蝠等。而脊饰主要是砖雕脊花，图案有铜钱、如意等。这些图案基本都是象征福寿禄的，表达了宅院主人的美好愿望。

门墩上的石刻

殷家大院的砖雕尤其令人惊叹，院门、院墙、房山墙、影壁等处的砖雕，图案繁复，玲珑剔透，堪称艺术品。常见的图案有牡丹、蝙蝠、宝瓶、葫芦，分别代表富贵、有福、平安、长寿。还有一些组合图案，比如蜜蜂和猴子寓意是"马上封侯"，瓜和葫芦寓意"多子多孙"。

殷家大院由于是做煤场生意的，还有一些和煤有关的砖雕，比如，梅花

04 水陆交汇三家店

门楣上图案精美的砖雕（组图）

图案谐音"煤",梅花浮雕中夹有欢腾的老鼠,这是煤窑供奉的神,是比较特别的。因为煤矿工人挖煤有点像老鼠打洞,所以以前煤窑尊老鼠为窑神,在圈门窑神庙里还供奉着老鼠神像。

木雕(组图)

05 九龙山下琉璃乡

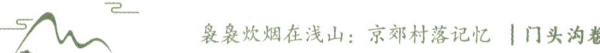

"日出桑干照异彩,九龙山下琉璃乡"。门头沟九龙山东麓永定河边有一个古村,名叫琉璃渠,现户籍人口2000多人。村子依山傍水,景色秀美,从元代起就作为琉璃之乡而声名远扬,被称为"中国皇家琉璃之乡"。2007年入选第三批中国历史文化名村。2012年入选第一批中国传统村落之一。2018年3月入选北京市首批市级传统村落名录。

村口"琉璃之乡"的牌楼

背靠九龙山

九龙山支脉是门头沟区四列平行山脉的第三列九龙山—香峪大梁,而这一列山脉被永定河拦腰切断,形成河东的香峪大梁和河西的九龙山。

九龙山东起永定河三家店水闸处,向西至匣石口转而向南,与潭柘寺后山相接,属太行山脉百花山山梁的延伸末端。

九龙山是燕山运动以来形成的典型向斜山峰。海拔在1000米左右,最高峰刺茅花坨海拔990.31米,山顶平坦。在海拔400米至1000米之间,则山体陡峭,谷脊相间。再往下到海拔300米至400米处,又形成平缓的山顶,表现为明显的台地地貌。海拔300米以下,谷地开阔。九龙山地貌总体特点是缓坦台面和陡急山坡交替出现,恰似一层层的台阶,反映了地壳运动的间歇抬升和古水系的演变。

从空中俯瞰九龙山,可见山岭两侧各有四条呈放射状的山脊,宛若八条巨龙蜿蜒而来,交会于此。而延伸到永定河边的那条山岭就是第九条龙,好像一条巨龙正在河边饮水。这就是九龙山名字的由来。而琉璃渠村就坐落在九龙山北麓的洪积阶地上,也就是第九条龙饮水的地方,可谓山环水抱,人杰地灵。

九龙山植被丰茂,景色宜人,国家在这里建立了近667公顷的九龙山林场。不仅如此,九龙山下储藏着丰富的煤层,还有高品质的石料。这种石料就是烧制琉璃的材料。

走进琉璃渠村,穿过过街楼,经过关帝庙,再向西上坡就到了丑儿岭。

丑儿岭是九龙山的北小支脉，其泥炭纪土层中出产高品质页岩石料，就是俗称的黑坩子土。坩子土介于地质层的土和煤之间，有较好的黏性与伸缩性，含铝成分多，带油性，烧制之后变成白色，是烧制琉璃构件最好的材料。

九龙山不仅有制作琉璃的原料，还出产优质的煤炭资源可供烧窑。600多年中，这里一直是元、明、清三代的琉璃官窑。所以说，琉璃渠能够成为"中国皇家琉璃之乡"绝非偶然。

今日的丑儿岭，已经开发成为一个农业观光园，种植了各类果树2万多棵，北京市旅游休闲步道从这里穿过，变成了人们观光、休闲、游玩的好去处。

丑儿岭

曾设琉璃局

琉璃渠村为门头沟区龙泉镇辖村,位于镇域北部,西依九龙山,南北均为山坡,村庄海拔高度主要在110米到140米之间,村域最高点在西南部的丑儿岭,海拔298米,是个典型的浅山村。

村名为什么叫"琉璃渠",众说纷纭,汇总起来至少有4种说法。

第一种说法是琉璃渠原名"刘李居",据说这里最早只有刘、李两姓人家居住。村里有这么一首民谣:"刘家的山,李家的川,姓杨的来了让半边。"时至今日,刘、李两姓仍是村中大姓,村中还遗留有"刘家店""李家店"的地名。

第二种说法,琉璃渠是由"刘戾渠"的谐音转化而来。刘戾是汉代的一个暴君,生前名为刘旦,因其生性暴戾,后人称其为刘戾。因为这里修筑了一条水渠,而修渠的指挥机构就在刘戾墓附近,故称"刘戾渠"。再后来,刘戾渠附近建起了琉璃场,人们不喜欢"刘戾",便根据其谐音改称"琉璃渠"。

第三种说法,目前大家认为比较可信,即琉璃渠的村名就是由"琉璃局"谐音转化而来的。元世祖忽必列中统四年(1263年),为建元大都,把赵氏琉璃窑自山西榆次县南小赵村迁到北京,在宣武门外海王村建琉璃窑,专为宫廷烧造琉璃瓦,当时在这个村只是建了一个分厂。清顺治年间,因窑场烟尘污染环境,居民不堪其扰,将琉璃窑迁到了琉璃渠村。到了乾隆年间,北京城内所有琉璃窑场都迁到了琉璃渠村,使琉璃渠村窑场规模迅速扩大,琉璃渠村便成了北京最大的琉璃品生产基地。在封建帝王社会，琉璃品属于皇家御用品，百姓不能使用，所以琉璃渠窑厂一直为官办。为了管理方便，官方在这里设立了专管琉璃窑务的衙署，称为琉璃局。慢慢地，当地老百姓就把琉璃局按照谐音转化成了"琉璃渠"。

第四种说法也是与水渠相关。清代时，由于皇家营造三山五园和东、西陵，大量使用琉璃构件，促进了本地窑场的大发展。各类商家、店铺云集此地，呈现出一片繁荣景象。清光绪七年（1881年），清军将领王德榜为琉璃局修渠引水，在此建了一个水利工程，名为琉璃渠。此后，琉璃渠的村名便流传了下来。

百米琉璃文化长廊

05 九龙山下琉璃乡

说到琉璃,大家都不陌生,但是你知道琉璃是怎么制作的吗?琉璃,也可写作"瑠璃",是以各种颜色的人造水晶为原料,采用古代青铜脱蜡铸造法高温脱蜡而成的水晶作品。

中国古代制造琉璃的材料,是从青铜器铸造时产生的副产品中获得的。这些材料经过提炼加工后制成了琉璃。琉璃的颜色多种多样,流光溢彩,历代都是皇家御用,民间很难得到,是古代建筑上名副其实的奢侈品。

琉璃的制作过程很复杂,琉璃渠的官窑代代传承,有22道工序。首先,要对坩子土进行处理,包括粉碎、筛选、淘洗、配料、炼泥几个步骤。接着通过制坯、修整成型,再精雕、晾干、入窑烘烤。入窑后第一次叫"素烧",温度在1000摄氏度到1150摄氏度之间。第二次叫"彩烧",先在素烧后的初级产品外表施彩釉,再二次入窑煅烧。彩烧温度在600摄氏度到910摄氏度之间。一件琉璃制品从原材料到成品,其生产过程长达40多天。

制作琉璃,关键是选料和秘籍。琉璃渠村附近出产的坩子土是高品质页岩的粉末,用它制作的瓦坯细腻光滑,呈月白色,可完全呈现釉彩本身的色泽;烧制琉璃瓦所用的釉彩是以石英和氧化铅为主的金属釉料。釉彩的配制是最核心的技术机密,是清工部独家授权的专利烧造技术,只有村里的几个配釉技师知道,在家族内部口耳相传。

要烧制出完美品质的琉璃,除了原料、配釉,最关键的还有"两窑烧造法",这也是官窑与民窑的区别。琉璃渠的每一件琉璃都要经过两次烧制,即第一次泥坯入素窑烧造定型和第二次彩釉入色窑二次烧制。

从清乾隆年间皇家御用琉璃厂正式迁到琉璃渠村开始,这里专门为紫禁城、皇陵、园林等皇家建筑烧制琉璃饰品。据《清工部续增则例》记

载,皇家常用的琉璃构件共有上百种,仅建筑用的琉璃瓦造型就有板瓦、筒瓦、勾头、滴水、吻、兽头、脊等64种,而且每种瓦件又有严格的尺寸、颜色分类。

在为皇家烧制琉璃构件的同时,琉璃渠官窑还创作了很多精美独特的琉璃艺术品,其中最著名的就是九龙壁。九龙壁的制作过程比烧作琉璃瓦更复杂,首先要将图纸分解成一片片的方砖,明确所需不同颜色方砖的数量,然后再逐个颜色进行配釉、烧造,待琉璃方砖出窑后再按照图纸逐块对缝拼接。例如,北海公园的九龙壁一共用了424块七彩琉璃,双面共有635条龙。

如今,琉璃瓦不再是皇家专属,但琉璃渠村仍保留着琉璃制作的精湛技艺。琉璃渠村制作出的琉璃成品具有色彩绚丽、不怕水浸、耐风化的特点。该琉璃烧造技艺已经列入北京市非物质文化遗产名录。

今日琉璃渠

自琉璃渠村建村开始,就与琉璃结下了不解之缘。琉璃窑火燃烧了700多年,生生不息、薪火不灭。如今,虽然时过境迁,风光不再,但几百年来专注于琉璃制作已在村中留下深深的印记,也在村民心中留下深深的印记,变成深厚的琉璃文化和浓郁的琉璃情怀。

如今,村里清代琉璃厂宅院已变成琉璃渠村的乡情村史陈列室。这座宅院不仅保持着当年的模样,而且还藏有大量当年为宫廷烧制的琉璃工艺

05 九龙山下琉璃乡

琉璃厂商宅院

作品原件。

琉璃厂宅院为两进四合院，大部分房间被设计成陈列室展厅。这些展厅再现了琉璃渠村历经辽、金、元、明、清五朝的千年历史，还包括琉璃渠村的民俗文化、文物古迹以及经济发展情况等内容。

在陈列室的中心展厅，陈列着一个个精美的琉璃制品，传承着琉璃渠深厚的琉璃文化。这里有故宫所用的琉璃瓦片，每一个瓦片上都刻有铭文。这个瓦片是由谁上釉，再由谁配色，都能通过铭文清楚地显示出来。展厅中还矗立着一件与人同高、龙纹雕饰的鸱吻。这件镇馆之宝出自故宫武英殿，是当初故宫百年大修时用琉璃渠村烧制的新鸱吻换下来的旧鸱吻。而这个旧鸱吻制作于明永乐年间。

琉璃渠村的琉璃制品，不仅陈列馆里有，村里几乎每户人家都有一两件琉璃工艺品。对琉璃的热爱已经融入了村民们的血液，代代相传。为使琉璃品制作工艺得以延续，琉璃渠村的部分学校还专门开设了琉璃品制作课程，让当地的孩子从小就能够接触到琉璃品制作的每一个工序，将这一传统手工艺发扬光大。

此外，琉璃渠村有名的古建筑除了琉璃厂商宅院，还有三官阁、关帝庙、万缘同善茶棚等。

三官阁过街楼在琉璃渠村东口，俗称灯阁，是北京市级文物保护单位。三官阁创建于清乾隆二十一年（1756年），后于光绪年间重修。过街楼下部为城台状，由砖石砌成。琉璃匾额东西各一，东额"带河"，西额"砺山"，都是琉璃烧制。因为城台券洞上建有殿堂，所以又称过街楼。殿堂为硬山琉璃瓦顶建筑，正脊内外侧装饰琉璃五彩花卉，檐下悬挂琉璃匾额，西面写着"三官阁"，东面写着"文星高照"。前后栏墙由龟背锦琉璃面砖装饰。这里的琉璃饰品和构件都是本地烧制的，见证了京西琉璃烧造业的悠久历史和精湛工艺，具有较高的历史、艺术和科研价值。另外，著名的两条京西古道——西山大道和妙峰山香道南道就从这个过街楼下穿村而过。

三官阁过街楼

　　琉璃渠地处要道，西山大道、妙峰山香道两条古道穿村而过，为香客提供沿途休息和饮食的场所——茶棚就必不可少。万缘同善茶棚坐落在琉璃渠村北，曾经是通往妙峰山香道上最大的茶棚。万缘同善茶棚是一座庙宇式建筑，背靠青山，面临古道，正殿勾连搭式，前为卷棚顶，后为硬山大脊，上覆绿琉璃瓦，排山勾滴，勾头滴水，墙体磨砖对缝，墀头为黄琉璃饰件。正殿与配殿均建在石基之上。院内方砖铺地，院门为柏木乌头门

万缘同善茶棚

配木栅栏[1]。茶棚门外两侧墙壁上镶有五彩琉璃构件,题有"万古长春"四个大字。

  茶棚如今风光不再,房屋也已破落失修,不过从门前高高的台阶和五

---

[1] 薛林平,李博君,包涵:《北京门头沟区琉璃渠传统村落研究》,《华中建筑》2014年版。

彩琉璃构件依稀可见往日的气势和繁华。

与茶棚的破旧不同,建于明代的关帝庙修葺一新。关帝庙位于琉璃渠村的西口,紧邻古道,和过街楼遥遥相对,俗称老爷庙。关帝庙是一座完整的四合院,坐西朝东,有正殿三间,硬山大脊,琉璃瓦顶,排山勾滴,垂脊有小兽,前出廊,双层檐椽,梁枋上绘旋子彩画。大殿两侧各有耳房一间,两厢配殿各三间。关帝庙内原来供奉关帝像,平时不对外开放。

此外,琉璃渠村还存留了不少古民居四合院。例如后街59号院。从这扇门就可以看出这个院落曾经的辉煌与沧桑。这是一座三进的四合院,坐北朝南,每座院落都是北房5间,倒座房5间,东西厢房各3间,前后院间有穿堂门和过道相连接。每座院子都有正门和侧门,正门有门楼和影壁。房屋为清代建筑,至今保存基本完好,整座宅院显露着富贵与大气。据村民介绍,电影《刘巧儿》有许多镜头都是在这里拍摄的。

徜徉在琉璃渠村,

后街59号院

三官阁、关帝庙、万缘同善茶棚,每一个古建筑都有琉璃的影子,见证着这个千年古村昔日的繁华。在这里,琉璃已经成为一个特色、一个品牌、一种文化、一份挥之不去的乡愁。

务里"辽三彩"

说起琉璃的故乡,相邻的龙泉务村也可以算上一份。与琉璃渠村不同,龙泉务村是以辽三彩而闻名的。龙泉务村是京西古村,也是辽瓷窑制作工艺的发源地。据记载,明代时,龙泉务的村名叫作务里。明代《宛署杂记》记载,三家店过浑河板桥正西约二里许是琉璃局,又五里曰务里村。这里的浑河就是指永定河,琉璃局就是现在的琉璃渠村,而务里村则是指龙泉务村。

龙泉务村位于门头沟区龙泉镇北部,永定河三家店水闸以北3千米处,距区政府驻地5千米。龙泉务村是个典型的浅山村,虽然海拔高度不高,只有100多米,但周边南、西、北三个方向都被小山环绕,东面则是永定河。

不过,这个地名有的地方写的是"龙泉雾",有的地方写的又是"龙泉务"。到底哪个名字是正确的呢?当地村民回答是"都可以"。关于村名有一种说法,过去这里有一眼很盛的泉,人们把那个泉眼称为龙泉。泉眼上面经常云雾缭绕,于是人们就把这个地方叫作"龙泉雾"了。后来,因为"雾"字不好写,有人偷懒,把"龙泉雾"写成了"龙泉务"。

还有另外一种说法，永定河从村子东面流过，当地人又称永定河为龙泉。当时永定河常年河水滔滔、雾气弥漫，因此将村子命名为"龙泉雾"。村民们还编了一首打油诗："河西一条龙，住在泉水坑；可惜雾太大，村中看不清。"

虽然这些说法都无从考证，但是可以肯定的是，龙泉务是个古村，至少从明代时就有了，一个有力的证据就是椒园寺遗址。椒园寺遗址在龙泉务村南三里的山坳里。这个寺最早叫蛟牙寺，还有一种说法叫姜牙寺，相传是为纪念姜子牙而建造的。当地民间谚语说："先有蛟牙五百年，后有千年潭柘寺，再有后来幽州城。"椒园寺遗址坐西朝东。寺前有一条沟，当地人称龙潭沟。寺东侧原有墓塔三个，墓室已被盗，塔身也被毁坏。虽然寺庙早已不复存在，但这里青山环绕，景色清幽。寺庙遗址前有两株古柏，俗称"龙虎二柏"。右侧古柏形似昂首向天的苍龙，顶端有两条曲枝，酷似一对峥嵘的龙角；左侧的古柏，树围达到3米以上，树干虬曲，树身有凸起的大树瘤，宛若一只昂身长啸的猛虎。虽然椒园寺创建年代久远，具体年代已无从考证，但仅从现存的两株千年古柏也可以推断，此地1000多年前就有人类活动。

龙泉务村最有名的还是龙泉务窑，它是华北地区最大的一处辽金瓷窑遗址，总面积2.76万平方米。该遗址在1958年首次全国文物普查时被发现，因为它就在龙泉务村，因此被命名为龙泉务窑。龙泉务窑是辽代瓷窑中第一个经过科学手段进行考古发掘的窑址，1981年被公布为市级文物保护单位。

1983年，龙泉务窑出土琉璃三彩菩萨像3尊、高足莲座和带有辽"寿昌五年"（1099年）的三彩釉片。1990年至1995年，考古部门对龙泉务窑进行了大面积发掘，共发掘1270平方米，发现窑炉13座、作坊遗址2处，出土

椒园寺遗址

各类器物8000多件。出土的大量陶瓷器具表明，这里以生产白釉瓷为主，兼烧黑釉瓷、酱色釉瓷等。从考古发掘的内容看，到了辽代后期，龙泉务窑已开始烧制三彩日用陶器和建筑琉璃。

辽三彩在龙泉务窑烧制的陶瓷中最具代表性。龙泉务窑烧制的三彩器主要有碗、碟、佛像和莲花座等。在色调上，龙泉务窑的辽三彩有白、绿、黄三种。白彩就是无色透明彩，绿彩和黄彩是辽三彩最常见的色调。辽三彩与唐三彩在釉色方面最大的区别是，辽三彩没有蓝色，而唐三彩则在少数器物上存在蓝色。蓝色主要来源于钴蓝色颜料，唐代对外交通和贸易都很发达，钴蓝色颜料通过丝绸之路从中东地区输入，所以少数唐三彩和唐青花制品有蓝彩。而辽代时北京地区很难见到钴蓝色料，尽管中国南方也发现了钴土矿，但在辽国控制的北方地区，钴蓝色料很难获得，所以在辽三彩中基本没有蓝彩。

在龙泉务窑的考古挖掘中,还从瓷窑火膛内发现了大量灰渣及未燃尽的煤核。这一发现不仅说明门头沟地区在辽代时已能用煤,而且把用煤历史从记载中的元代提前到了辽代,甚至更早。

龙泉务窑还有一项不得不提的重要发明,就是用天然硼砂烧造琉璃。辽三彩这种陶瓷制品先是以铅做助熔剂,这是因为铅的熔点低,可以在较低的温度下使釉料形成玻璃相。但铅是有毒物质,会对人体造成一定伤害,于是龙泉务窑改用对人体无害的天然硼砂,因为硼是无毒的,熔点也低,完全可以替代铅完成应有的工序。这一发明比国外的硅酸盐珐琅釉制作早了500多年。在当时缺乏科学检测手段的情况下,龙泉务窑的工匠就能认识到硼的作用,并将天然硼砂应用于琉璃烧造工艺,无疑是一项了不起的发明。这一重大发明填补了中国陶瓷史和中国陶瓷工艺发展史的空白。

椒园寺遗址与龙泉务村的辽金瓷窑遗址相互呼应、相互印证,有力地证明了龙泉务是个名副其实的古村。

06 依山傍水古城池

门头沟区斋堂镇有个小村叫沿河城村,这个小村是个真正的"城中村"。沿河城村自古就是一座边塞小城,军事重镇。它位于门头沟区政府西北35千米,斋堂镇政府东北15千米,永定河南岸,海拔高度384米。沿着永定河谷穿行在百里山峡,突然,一座古城就和你不期而遇了!正是"山峦巍峨河谷宽,敌台掩映关城立"。眼前的景象让人有些恍惚,好像自己穿越到了明代。

扼守明长城

说到沿河城村,就不能不提明长城,因为沿河城村是明长城防御体系的一个重要组成部分。明长城分内外两道,外长城东起鸭绿江,西抵嘉峪关,全长6300多千米;内长城在怀柔慕田峪长城附近与外长城分开,经过居庸关进入怀来,然后进入门头沟,从灵山出北京进入河北再到山西,在偏头关东边白羊岭上和外长城会合[1]。内长城又分"内三关"和"外三关",东边的倒马关、紫荆关、居庸关合称为内长城的"内三关",西边的偏头关、宁武关、雁门关合称为内长城的"外三关"。

沿河城村隶属明代长城"内三关"之一的紫荆关,是塞外通往北京

---

[1] 明史《兵志·边防》记载:"西起山西老营堡转南而东,历宁武、雁门、北楼至平型关尽境约八百里;又转南而东,为保定界,历龙泉、倒马、紫荆、吴王口、插箭岭、浮图峪至沿河口,约一千七十余里;又东北为顺天界,历高崖、白羊,抵居庸关,约一百八十余里。皆峻岭层岗,险在内者,所谓次边也。"

06 依山傍水古城池

的要冲之一。紫荆关位于河北省易县西北45千米,是"飞狐陉"北口的重要关隘。紫荆关虽然不如居庸关那么声名赫赫,但是它的战略地位也非常重要,历史上曾有几次重要的战役发生在这里。蒙古成吉思汗四年(1209年),蒙古军攻打金中都,金兵死守居庸关,蒙古军主力暗中转攻紫荆关,入关后迅速移兵从南反攻居庸关,居庸关被攻破。明正统十四年(1449年),明英宗土木堡被俘,蒙古军假借明英宗还京之名从紫荆关入关进攻北京。1939年抗日战争时期,日军中将阿部规秀在紫荆关南黄土岭被八路军击毙。

沿河城村所在的位置,东临向阳口、房良口,西临天津关,因扼守这三道山口,沿河城古称"三岔村",也有写作"三汊村"的;同时,因为沿河城紧邻永定河,古时也曾被称为"沿河口"。明万历六年(1578年)沿河城建城[1],始称"沿河城"。此关隘"沿河以山为城,以河为池,乃京师咽喉之地"。由此可见,沿河城村在明长城门头沟段的重要地位。

当时,沿河城村还辖有分布于沿河口、龙门口、黄草梁、洪水口一线长达40千米山巅或险隘处的敌台15座,而今,其中的3座敌台已经损毁。这些敌台筑于明万历元年至三年(1573—1575年)。每座敌台分上下两层,高约15米,宽10米以上。底层用石条铺砌,墙身砌砖;上层四周有垛口,上下层之间有阶梯相通。敌台上的石额都刻有编号(沿河城管辖的敌台编号自沿字第1号至第15号),敌台之间有城墙相连,有的虽无城墙连接,但能凭地形居险,彼此呼应,形成一道连续性的防线。

沿着这条防线,可见这些敌台的踪迹。沿字1、2号敌台距离沿河城

---

[1] 明天启四年(1624年)守备沿河口地方都指挥张经纬所立《沿河城守备府碑》记载:"沿河口守备设于嘉靖三十二年(1553年),城建于万历六年(1578年)。"

泉泉炊烟在浅山：京郊村落记忆 | 门头沟卷

沿河城村附近的敌台

敌台上"沿字肆号台"依稀可辨（董恒年摄）

村最近，位于永定河两侧，沿字1号敌台在永定河北侧。20世纪60年代初，当地百姓为了在河上修建吊桥而将其拆毁，现在还可以看见残留的遗迹和与之相连的边墙。沿字2号台在抗日战争中为日寇炸毁。从沿河城村往西走到现在的沿河口，可以看到河东、河西各有一座敌台，这就是沿字3号敌台和沿字4号敌台。进入石羊沟再走1千米左右，可以看到沿字5号敌台。剩下的几座敌台都在黄草梁上，也就是老百姓说的"七座楼"。

沿河城是明代修筑的边塞城堡，用于屯兵防御，东西长约420米，南北长约300米。有东西两座城门，东门面向京城，名"万安门"，20世纪50年代被拆毁，如今又在原址复制了一座新城门，仍然叫作万安门；西门面向蒙古各部来犯之敌，名"永胜门"，为砖石结构，至今保存完好。此外，沿河城村依南山而建，永定河从城北流过，因此南北两侧留有两座券形水门。目前，北面的水门尚在。20世纪60年代因天降大雨，山洪从南门灌入，直接威胁村民的安全，故南门被垒闭。

除了城门，城墙现今也保存较好，沿河城村东、西、北三面城墙为直线形，南面城墙为弧形。城墙以条石和巨型鹅卵石砌就，城墙上有马道，上有雉堞女墙，北城墙两端建有角台，城墙上有马王庙、真武庙、火神庙。《沿河口修城记碑》有这样的记载："周视关城，未有如沿河口之壮者也……凭坚城而守，据河上流为天堑，而壮士挽弓赴敌，人人自坚无忌，西扼房，东辅诸君国，燕台易水之间可高枕无忧矣。"后部分城墙塌毁，现在的城墙也是经过修复的。

沿河城村永胜门（叶盛东摄）

走进沿河城

　　穿过永胜门厚厚的城墙，走进这个曾经的军事要塞，一个古朴静谧的小村就呈现在眼前。沿河城村中原有三街六巷七十二条胡同，现在只剩下前街和后街两条主要街道。当时，城外西关有下衙门，城东有上衙门，城东北角设有营房、小校场，城西南制高点上设有大板仓、望警台，城西还设有火药楼、大校场、演武厅、夏辕等设施。

　　下衙门位于西门外的关帝庙内，是主管治安等项事务的把总办公处，在抗日战争期间为日本侵略者所焚毁,后有数十名八路军牺牲将士被夜葬于此。现在此位置上是一所乡村邮局。

上衙门明代称守备府,清代称都阃府,位于沿河城内东部,当初为规模宏大的数进院落,清末被八国联军烧成一片白地,后被当地财主师义文建成庄园,现在被当地百姓称为"花大门"。

营房和小校场均位于沿河城内东北角,与上衙门相近。营房当时是驻军之所,小校场是城内驻屯军队每天操练的场所。现在这两个地方都变成了一片民房。大板仓、火药楼、演武厅现在只能勉强寻到残垣断壁、地基阶石。大校场和夏辕现已变为良田。

《四镇三关志》记载:"万历四年丙子沿河口设守备一员、领中军一员、把总一员、巡捕员,额兵一千二百零一名;沿河口下忠顺营官员三员,军八百七十名、备御班军五十八名,额兵八百六十五名。盔甲一千二百二十一副,兵器七千八百七十件,火器五千四百一十五件,战马五十匹。"遥想当年的情景,真可谓兵强马壮,将卒如云。历经数百年风雨沧桑,今天的沿河城已繁荣不再,但站在南山的城墙上,俯瞰这座山间城堡,仍然可以感受到它曾经的风采与辉煌。

沿河城村现在只有两条主街,即前街和后街。后街相对较窄,位于地势较高的南侧;前街也称主街,贯穿小城北部,连通两个城门。村里的主要设施基本都分布于后街两侧,包括村委会、大戏台、小广场、便利店、民宿和饭店等。

小城里的民居分布相当紧凑,民居之间是四通八达的小巷,街巷两边还可以看到明清时期古民居,遗存至今的古民居主要有142号院、147号院、151号院和152号院等。清水脊、蝎子尾、筒瓦起垄、木雕门窗透着古色古香,砖雕、石雕、壁画、门墩显出曾经的富贵繁华。

走在主街上，一座门楼首先映入眼帘，这就是被当地老百姓称为"花大门"的152号院。这是一座坐南朝北的二进院落，门楼开在正街上。这个门楼有五级青石台阶，墙腿有雕花石饰，大门前还有一对精美的门墩石，门楼两侧是汉白玉的柱顶石，上面还有蔓草纹饰。门楼的圆形勾头上刻兽面，滴水刻花卉。圆椽头为龙草彩绘，檐枋刻"卍"字不到头，檐垫板为蓝底牡丹蔓草彩绘。门头板分为三部分，蓝底粉彩，上有彩绘"鱼戏荷莲"。天花为井口天花样式，蓝底粉彩，上刻百鸟朝凤龙纹饰。两侧廊心墙素面线刻鱼纹。墙体磨砖对缝。戗檐饰以砖雕，虎头瓦当。令人遗憾的是，2016年"花大门"门口的一对汉白玉门墩被盗，让村民们非常痛心！

152号院"花大门"

除了古民居，村里保存完整的古建筑还有一座清代建造的大戏台。戏台坐南朝北，下面是一座石砌台基，台基长7.3米，宽8.3米，高1.5米。卷棚顶，垂脊之端有吻兽，顶部用灰筒瓦，石望板，带勾头滴水，木质大搏风板，八柱乘架，双层椽子，木构架上施旋子彩绘。东、西、南三面为石砌山墙，台脸朝北开。戏台在当时是当地驻兵举行祭拜大典和娱乐活动的场所，现在已很少使用，不过作为村里最主要的古建筑大戏台也已经成为沿河城村的一个标志了。

大戏台

袅袅炊烟在浅山：京郊村落记忆 | 门头沟卷

三
一个人的邮局

永胜门外老邮局

沿河城村西门永胜门是明代所建，现城门依旧完好。永胜门外的土坡上正对城门有个老式邮局，因为只有一个邮递员，被称为"一个人的邮局"。说起这个邮局，还真有不少故事呢！

据说，邮局的原址曾经是关帝庙。关帝庙坐西朝东，正殿三间，殿内供奉关王坐像，关王身后有周仓立像，庙前有两匹泥塑彩绘红马，两个马童挽缰伫立。清代时有一把总在此驻守，主管治安等项事务，老百姓把这里称为"下衙门"。1940年冬，日本侵略者侵占沿河城村，烧杀抢掠，关帝庙就是那时被焚烧而坍塌的。据村里的老人讲，这下面曾经掩埋过一批八路军阵亡将士的遗体。

现在的邮局是20世纪70年代的建筑，虽然不是古建，但是也已经过去了半个世纪，有了一些岁月沧桑的模样，加上门前凹凸不平的石板路，就更有年代感了，所以这里也是一些电影的取景地。当年电影《手机》拍摄时，就在这座邮局门口取过景。

2001年，邮政企业机构改革，沿河城邮政所与斋堂支局合并。但为了这里的村民用邮，投递员王怀敬自愿留了下来，于是就有了一个人的邮局。

王怀敬是沿河城王龙口村人。1993年就进入这家邮局工作了。2006年，邮政局改为邮政所，柜台业务取消，慢慢地就剩下他一个人了，他的自行车承载了这个邮政所的所有业务。寒来暑往，一晃20多年过去了，他依然坚守着这个岗位，成了这个小村不可或缺的一部分。

这里的邮件是由斋堂镇邮局的邮车送来的，邮车到这里一般是下午1点多，每天会带来寄往沿河城的报刊、信件以及十几个快递包裹。邮车一到，王怀敬就迅速将所有邮品登记，然后将报刊、包裹放进邮包和自行

独守邮局的邮递员王怀敬

车车筐里,开始了他的投递工作。有时邮件多,他会忙到晚上七八点!

王怀敬在这里工作了20多年,平时的投递工作全靠自行车,每天骑行大约16千米。由于沿河城地处山区,路上全是上下坡、石子路,所以自行车的脚蹬子、闸皮和轮胎磨损得很快。每天他上路前都要仔细检查一下这些零件,有损坏了就修一修,换个零件,损坏严重了就得换辆新车了。

就这样,一个人,一辆车,代表着一个邮政所,独往独来,风雨无阻20多年,多么可贵的坚守!他作为首都劳动奖章获得者,还被推选为北京市第十二次党代会代表,成为沿河城村人的骄傲。

07 扬名古道两小村

袅袅炊烟在浅山：京郊村落记忆 ｜ 门头沟卷

门头沟区地处京畿西山，很早就有人类活动。这里北接上谷，南通涿易，西望代地，东瞰燕蓟，自古就是兵家必争之地，具有重要的战略和交通地位。从黄帝"披山通道"于西山开始，西山内的诸条道路屡经修整，逐渐发展成为颇具规模、纵横交错的一张大网，这就是所谓的京西古道。

王平古道是纵横交错的京西古道中最主要的一个部分，也是最美丽、最丰富的一个部分，它由西山大道、玉河古道、永定河岸古道和一些分支古道构成。王平古道经王平、大台、木城涧、庄户村、千军台、张家村、七里坟等村镇，到军响乡和京西大道会合。王平古道两侧遗迹众多，精彩纷呈。其中，韭园至牛角岭关城段古道，就是现在游客十分乐衷的一段徒步道路。而韭园和水峪嘴这两个村子就位于这段古道的两个端点上，几乎所有来游古道的人都不会错过。

一

东篱故居

韭园村有名，一方面因为它是出入王平古道的第一个古村落，另一方面是因为"元曲四大家"之一马致远的故居就坐落在此。

"枯藤老树昏鸦，小桥流水人家，古道西风瘦马。夕阳西下，断肠人在天涯。"一首《天净沙·秋思》让马致远扬名天下，也让京西古道家喻户晓。马致远，字千里，晚号东篱，大都（今北京）人，原籍河北省东光县马祠堂村，约生于蒙古蒙哥汗元年（1251年），卒年不详，是元代著名戏曲作家、散曲家,与关汉卿、郑光祖、白朴并称"元曲四大家"。

马致远是元代创作最丰的散曲作家之一,作品中杂剧有15种,现存的有《江州司马青衫泪》《吕洞宾三醉岳阳楼》《半夜雷轰荐福碑》等7种。代表作就是《汉宫秋》。散曲中现存小令115首、套数22篇,总计130多首,有辑本《东篱乐府》。

马致远的散曲在艺术上取得了极高的成就。他被誉为"曲状元",是元散曲豪放派的代表作家。《太和正音谱》评价他的作品说:"马东篱之词,如朝阳鸣凤。其词典雅清丽,可与《灵光》《景福》两相颉颃,有振鬣长鸣万马皆瘖之意。又若神凤飞鸣于九霄,岂可与凡鸟共语哉!宜列群英之上。"明代何良俊在《四友斋丛说》中评价他:"马之辞老健而乏滋媚。"明代王骥德在《曲律》中评价他:"有比之于诗中杜甫。"王国维

马致远塑像(李瑞华摄)

在《人间词话》中评价他："寥寥数语，深得唐人绝句妙境。"明朱权在《太和正音谱·群英所编杂剧》将他列为元人之首。

就是这个才华横溢的元曲大家马致远，谁能想到他曾经隐居在京西这个叫作韭园的地方。韭园其实包含韭园村、东落坡村、西落坡村和桥耳涧村4个小村。马致远故居就在西落坡村，坐西朝东，是一座古朴的四合院。故居门前有一座小小的石桥，桥下有流速缓慢的溪水，仿佛不断提醒我们这里就是传说中的"小桥流水人家"。门前的影壁墙上写着"马致远故居"，影壁后就是马致远曾经居住的四合院，院子挺大的，院内野草丛生，显出几分衰败，似乎在向世人诉说着马致远怀才不遇的悲愤人生。

马致远早年热衷于进取功名，可却仕途坎坷，所任最高官职只是从五品的江浙行省官吏。在他早期的作品里，我们可以明显感受到他那种报

马致远故居（李瑞华摄）

国无门的困顿与愤懑。一首《金字经》直抒胸臆,豪气犹存:"夜来西风里,九天鹏鹗飞,困煞中原一布衣。悲,故人知未知?登楼意,恨无上天梯!"他的一生大多在漂泊无依和郁郁不得志中度过,心中长期郁结的愤懑不平,不时流露在他散曲的字里行间:"叹寒儒,漫读书,读书须索题桥柱,题柱虽乘驷马车,乘车谁买《长门赋》,且看了长安回去。"表面上看,乃是抒发英雄失路之悲,壮志未酬之叹,更深层的意蕴则是发泄自身价值在现实中无法实现的悲愤。

大约50岁时,马致远辞官归隐。他晚号东篱,反映了其内心追求"采菊东篱下,悠然见南山"的恬静生活。也许就在这九龙山麓,就在这古道路口,就在这林间小院,马致远"和露摘黄花,带霜烹紫蟹,煮酒烧红叶"。于是与世无争,于是超脱凡尘:"想人生有限杯,浑几个重阳节?嘱咐你个顽童记者:便北海探吾来,道东篱醉了也。"

虽然马致远一生求取功名无路,壮志难酬,但在韭园村还是度过了一些快乐时光的吧?"西村日长人事少,一个新蝉噪。恰待葵花开,又早蜂儿闹,高枕上梦随蝶去了"。这曲《清江引·野兴》里面的西村不就是韭园的西落坡村吗?

今日韭园

韭园村是门头沟区王平镇辖村,坐落在九龙山脚下。据传说,过去这里的人们主要以种植蔬菜为生,尤其以种植韭菜闻名,因此得名韭园。韭园村海拔约为180米，是个典型的浅山村，错落分布在九龙山麓。九龙山是西山山脉百花山山梁的延伸末端，植被覆盖良好，物种十分丰富。其阳坡为旱生灌草丛，阴坡自下而上依次是胡桃楸林、杂类灌丛和蒙古栎林，山脊是人工华北落叶松林。所以韭园村自然环境优越，种植果树种类繁多，包括核桃、柿子、枣树、樱桃、桃、杏、李等。

韭园村掩映在峰峦叠翠的九龙山中，扼守王平古道的起点，这里树木葱茏，古朴幽静，既是当年商旅出入古道的第一村，也是如今游客穿越古道的起点。韭园村成村较早，据考证应在辽金时代，至今村中还有一些辽金时期的建筑。知名的古迹有三义庙、碉楼等。当然，最著名的古迹就是马致远故居。

韭园由4个自然村组成，韭园村在北，东、西落坡村相连在南，桥耳涧村独立在东，4个小村同在一个大山环抱中，王平古道穿村而过。村中至今仍保留了一些明清民居，甚至还有元代古居。这些古民居大多为三合院、四合院。院落随山势的高低而建，错落有致。可以遥想当年，繁忙的古道穿村而过，寺庙、驿站、客栈、酒馆、商铺比比皆是。来到桥耳涧村口，可以

韭园村口"京西古道"的雕塑

看见公路两旁的龙王庙和菩萨庙,不过据说这两座庙都是2012年重建的。

龙王庙檐前的廊柱上写有一副对联:"寺中饱饮九龙泉,园外浊流去不还。"九龙泉是龙王庙门前的一眼泉水。这泉水顺着一个小石槽流到三个大石槽里,专供村里人、过往行人和驮队牲畜饮用。所以龙王庙又叫水槽庙。这股泉水不知流淌了多少年,直到今天,泉水依旧清澈无比。

九龙泉(李瑞华摄)

到九龙泉挑水的当地村民(李瑞华摄)

可以说,韭园村不仅自然环境好,人文景观也很有特色,那些古庙、古民居、古碉楼以及闻名古道的马致远故居,都已成为这段繁荣古道的历史见证。

袅袅炊烟在浅山：京郊村落记忆 ｜门头沟卷

牛角岭关城

位于永定河畔的水峪嘴村是门头沟区妙峰山镇的一个小山村，地处千年京西古道的要塞之处，享有"京西古道第一村"的美誉。

村附近的古道属于古商道，古商道的形成主要是为了货物运输，大西山遍藏乌金，又出产石材，加上琉璃的烧制也在这里，元代以来，拉煤运货的骡马、骆驼成群结队，往来穿梭，久而久之便形成了京城到西部山区，再远至内蒙古、山西等地的多条商道。古商道以西山大道为主干线，连接着纵横南北的各条支线道路，其中的中道、南道、北道为其主要组成部分。

现今，这条古商道已经成为游客最喜欢体验的一条山路。他们往往先乘坐各种交通工具到达水峪嘴村，然后从这里开始徒步，翻越牛角岭，再经桥耳涧、马各庄，到达东石古岩村。水峪嘴村到东石古岩村这条穿越线路属于西山大路北道，基本上沿着永定河谷而行，强度不大，但却很值得体验。这条古道经过了几百年风吹雨打，虽有些残败，但风情依旧，古韵犹存。

牛角岭只是京西莽莽群山中一个小小的分水岭，在明清时期是宛平县捕卫南乡与王平口巡检司分界之处。今天，这里因为京西古道和牛角岭关城而声名远播。北京喜欢徒步的游客几乎都知道牛角岭，每个登山季都有很多人慕名而来。牛角岭关城位于牛角岭上，是西山大道上的重要关口，建在两山坡对峙之处，扼守古道要冲。关城坐东朝西，是在山石上直接用石块垒砌的，青石做腿，青砖券边，门洞高7米，进深9.3米，横宽4.3米，至今屹立在山岭上，依旧那么气魄雄浑。

牛角岭关城

牛角岭关城西侧路边有两块石碑,一块是清乾隆四十二年(1777年)所立永远免夫交界碑。碑文记载:"……西山一带,石厚田薄,里下走窑度日,家中每叹糊口之艰……恩准……王平、齐家、石港三司夫役尽行豁免。"这是康乾时期"盛世滋丁,永不加税"政策的具体体现。另一块是清同治十一年(1872年)所立重修西山大路碑。碑文中记载了同治十年(1871年),暴雨成灾,冲毁道路,民间善举修复道路的情况。这两块石碑是研究京西古道历史的重要史料。

牛角岭关城因扼守西山大道在历史上地位突出,也留下了很多遗迹、故事和传说。据说,明崇祯三年(1630年),明朝军队在此处和偷袭而来的后金军遭遇展开激战,后来,各路增援的明军赶到,在牛角岭将这股后金军围歼,但明军也付出了不小的代价,当时的沿河城守备毛立芳将军在此役中战死，战后附近村民为他修墓立碑，可惜现仅存墓碑。

2005年，牛角岭关城被列入门头沟区第五批区级文物保护单位。

关城门洞

蹄窝之谜

京西古道大多是山路，是人们祖祖辈辈用双脚磨出来的，只有主干道是由官方或商家集资修筑的。这些主干道一般是用山石铺砌路面，宽度大概在2米，方便驮队运输。过去门头沟山区所产煤炭的外运，主要靠骡马、毛驴和骆驼等大牲畜驮运，古道之上驮队日夜不断，来来往往，久而久之,就在坚硬的石面上留下了一个个深深的蹄窝。这些蹄窝在许多地方的古道上都有遗存,牛角岭就是其中一个地点。

在快到关城的一段山路上,可以看到清晰、明显的神奇蹄窝!这段山路当年也是用石头铺砌的,几百年过去了,路面已严重磨损,凹凸不平,路面上可以见到散乱而清晰的蹄窝。这些蹄窝有上百个,直径近20厘米,深的有15厘米,浅的也有10厘米。

那么,蹄窝是如何形成的呢?

有人认为,这些蹄窝是由商队的畜蹄常年蹬踏而留下的。理由是碑文上有记载,这条古道上"牲畜驮运煤炭昼夜不断"。当时煤炭的运输工具是毛驴和骡子。这些牲畜身上的驮煤筐叫"拢驮",毛驴最多能驮150千克,骡子最多能驮250千克,一个驮队一次也只能驮几吨煤。因此,古道之

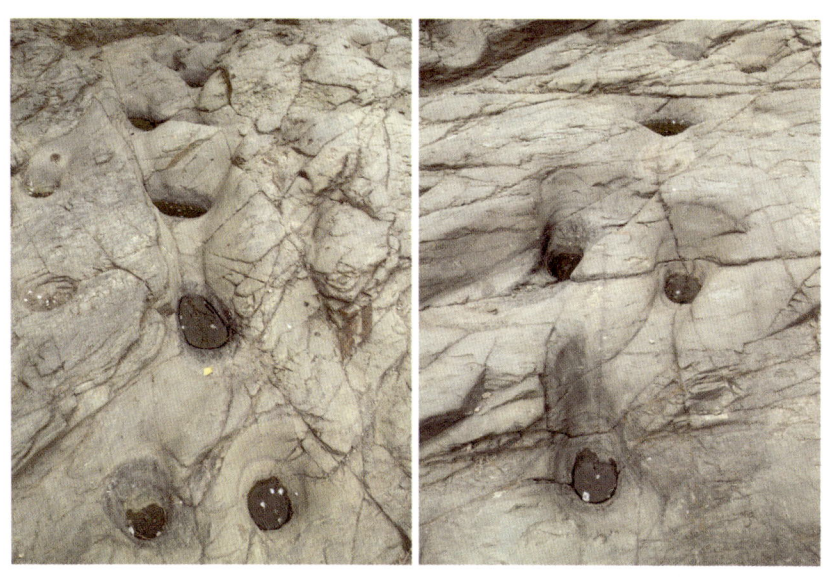

蹄窝之谜(组图)

上,驮队日夜不断地运输,牲畜的铁蹄日踏夜踩,历经千百年,才在石路上留下了蹄窝。

还有的人认为蹄窝是自然形成的,是长期雨水冲刷侵蚀的结果。牛角岭山坡上,出露的是钙质泥岩,历史上每次暴雨时山坡向下流水,雨水顺着倾斜的山坡迅速汇聚,形成湍急洪流,冲刷山坡上的砂砾与小石块,对石坡上原先小幅度的洼凹之地或薄弱部位进行机械性磨蚀与化学溶蚀,上述地质过程不断重复,逐渐形成山坡壶穴。

两种说法不一,也无法考证。不管怎样,古道上的蹄窝已经是岁月的见证,吸引着众多慕名而来的人,当地的旅游业也随之发展起来了。

品马帮菜

说起"马帮",是按民间约定俗成的方式组织起来的一群赶马人及其骡马队的称呼。过去,没有现代化的交通工具,山路也比较崎岖难走,在京西古道上跑运输的主要是马帮。环境的险恶多变催生了马帮生死与共的生存方式,也逐渐形成了独特的马帮文化。马帮文化包括马帮自己严格的组织和帮规、习俗禁忌和行话,也包括马帮独特的饮食文化——马帮菜。其实,只要有马帮的地方就有马帮菜。不过,虽然都叫马帮菜,但各地的马帮菜并不一样,都有当地的特色。最有名的是云南的马帮菜。

随着马帮的消失,门头沟的马帮菜也濒临失传。好在门头沟32村联合会正在对古道特色餐饮马帮菜进行挖掘和恢复,目前能吃到的马帮特色美

马帮驿站

食有20多种,包括马帮摇球儿、揪疙瘩、炙炉烙饼、饸饹面等主食,酱骨头、荷叶鱼等炖菜,以及苏子叶、马帮酱菜、炒红果等小菜。

将军、关城、战争、西风、瘦马、书生、驮队、蹄窝、铃声……数不

泉泉炊烟在浅山：京郊村落记忆 ｜门头沟卷

清的神奇故事，留存或散落在古道两旁。即便这里风光不再，即便这里颓败荒芜，但古道所蕴含的厚重文化就像那浓烈的马帮菜一样，令人回味无穷。

马帮一锅鲜

炸饹馇

轧饸饹面

饸饹面

08 爨底下村和灵水村

袅袅炊烟在浅山：京郊村落记忆 ｜门头沟卷

京郊门头沟有不少"世外桃源"，既可纳凉，也可以寻幽访古。错落有致的古宅，青石垒砌的院墙，蜿蜒崎岖的巷道，有种"结庐在人境，而无车马喧"的诗意。在门头沟众多古村落中，最有名气的，当数爨底下村和灵水村。

爨字你认识吗？

如果看过电影《投名状》，你一定会对那个土匪盘踞的小村印象深刻。电影里那个挤满土匪的坡上巷道，那个伏击官兵的一线天……那么古朴而真实。它就是爨底下村，一个独具特色的传统村落。

爨底下村，又名川底下村，属于斋堂镇下辖村，地处清水河流域斋堂川中部，距离北京市中心90千米，海拔650米。村域面积很小，只有5.3平方千米，人口也非常少。中国传统村落数字博物馆官网显示，爨底下村户籍人口102人，常住人口98人。小村依山而建，高低错落，颇有特色。周边植被良好，风景如画。

爨底下村的古建民居是宝贵的历史文物，对研究我国的民居建筑史具有重要作用。它们已被列为全国重点文物保护单位。2003年11月27日，爨底下村入选第一批中国历史文化名村，2012年12月17日又被列入第一批中国传统村落名录，2019年12月31日入选第二批国家森林乡村名单，2020年8月26日入选第二批全国乡村旅游重点村名单。

仅就村名而言，"爨"字就已颇具深厚文化内涵。"爨"，共有30

笔，发cuàn音。为了方便记忆，村里人编了一个顺口溜："兴字头，林字腰，大字下面加火烧。"

据说，爨底下村的村民全都姓韩，是明代时由山西洪洞县大槐树下移民而来的。由于全村姓韩，谐音"寒"，为了平衡和互补，才取了这个"爨"字，这样冷热互补，阴阳调和。另外，"爨"字名词的意思是"灶"，动词的意思是"烧火煮饭"。可以想象，当年的移民千里迢迢来到这个小山村多希望安定下来，烧火做饭，繁衍生息。

爨底下附近的一线天（逯艳玲摄）

传说的确有一定的依据，爨底下村明代建村，先民确是自山西迁移到此定居的。据记载，明正德十年（1515年），爨底下村一世祖韩甫金、韩甫银、韩甫仓三兄弟奉命自沿河城到爨里口守关，逐渐繁衍发展，形成了韩氏聚族而居的爨底下村。明正德十四年（1519年）修建古驿道，此后逐渐发展成为过往商贾的重要落脚驿站，既而形成山村聚落。清光绪二年（1876年），划归宛平县齐家司治理，兵丁转军为民。抗日战争时期，宛平县一区抗日民主政府迁至爨底下村。

 袅袅炊烟在浅山：京郊村落记忆 | 门头沟卷

据村民说，因为"爨"字难写难认，1942年为方便抗日干部特别是外地抗日干部通信联系，将"爨"改成"川"，"爨"与"川"并用至20世纪50年代末，之后的10多年里基本就不用爨字了。直到1995年随着乡村旅游振兴，"爨"字又重新焕发了活力。

爨底下的"爨"字（逯艳玲摄）

双层元宝村

　　爨底下村位于门头沟区斋堂镇西北狭谷中部，依山而建，依势而就，高低错落，浑然一体。整个村庄坐北朝南，建于缓坡之上，以村后龙头为圆心，南北为轴线，呈扇形展开。如果从空中鸟瞰，爨底下村的整体布局看起来像个葫芦，又像元宝，寓意"福禄""金银"。村庄占地约10000平方米，现存院落74个，房屋689间。一条街道将村落分为上下两部分。道路外面有一条长约200米、高十几米的弧形大墙，村前还有一条长约170米的弓形围墙环绕。村中有3条通道贯穿上下，道路多用青石、灰石、紫石板铺设而成。

　　爨底下村的布局既紧凑又灵动，既防洪又防匪。房屋的分层布局使每家采光、通风、观景的效果都很好，充分体现了人与建筑、建筑与环境的完美融合。

　　爨底下村的发展得益于明正德十四年（1519年）修建的古驿道。从这里沿古驿道向东南行6千米，就进入了斋堂川，经斋堂川可直达北京城；向西北行4千米是柏峪村，从柏峪村越黄草梁天津关，就到了河北怀来县麻黄峪村，由此可达内蒙古草原。

　　爨底下村的这条古驿道对明清时期的贸易发展发挥着重要作用。河北的粮食、内蒙古的皮毛，经古驿道运往北京城，换回北京城的各种生活用品。同时，京西产的煤炭，也可经古驿道运往怀来盆地和北京城。那时商品运输主要靠骡马驮运，爨底下村距麻黄峪村山路30千米，正好是骡马一天的行程。因此，爨底下村便成为过往商旅的落脚点和货物集散地。也许

爨底下村上下两层的村庄（逯艳玲摄）

拴马桩（逯艳玲摄）

08 爨底下村和灵水村

正是这个原因,爨底下村才能够发展起来并延续至今。

据说,在清康乾时期,爨底下村有8家买卖铺子,三四家骡马店,留下名号的有瑞福堂、瑞庆堂、三义堂、保全兴等。今天,这些古老的店铺已不复存在,但是透过随处可见的拴马桩、饮马槽,可以想象当年的繁华景象。

沿着坡道缓缓而行,小村的古民居逐渐清晰地呈现在眼前。爨底下村的房屋,基本上都是明清时期修建的山地合院式民居,以清代四合院为主体,主要分为山地四合院、双店式四合院及店铺式四合院。

推开一扇扇门,走进一个个院子,你会惊奇地发现,这些院落历经岁月的风霜,居然还保存得如此完好。除了房屋,门外影壁、门内影壁、门楼、拴马桩、上马石、荆芭棚等一一展现在眼前。甚至民居上的装饰都清晰可辨,砖雕、石雕、木雕、字画,这些装饰主要集中在屋脊、檐口、墙腿口、门墩石、门窗、门簪、门罩、墙壁以及影壁等处,而图案多为寓意吉祥的喜鹊、蝙蝠、牡丹、荷花、

入门处的影壁(李瑞华摄)

莲蓬等，反映了村民们对自然的崇尚，对美好生活的向往以及对传统文化的尊重。

  不过，这里的山地合院和平原上的还是不太一样的。比如这里的四合院和北京城里的四合院相比，布局和结构更为灵活，也更为紧凑，这些四合院基本由正房、倒座房和左右厢房围合而成。正房、倒座房大部分为四梁八柱，厢房为三梁六柱。有些院落设有耳房、罩房，有些则没有，但是东西厢房会向院中央缩进，减少占地面积。在二进的院落中，内宅与外宅的中轴线上并没有建垂花门，而是建了三间五檩的穿堂屋，穿堂屋东侧开二门，大门则开在前院东南角，雨水从大门左侧地洞排出。这些变化都是

荆芭棚（叶盛东摄）

为了提高山地合院土地的利用率。总的来说，爨底下村的这些院落小巧玲珑、随地形变化、形状不规则，有一种不同于平原合院的独特魅力。

在这些保存完好的古院落中，最有名的要数广亮院，村民称其为"楼儿上"，是爨底下中轴线上地势最高的宅院。广亮院建于清代早期，院内北高南低，垂直高度相差约5米。院落有南北二进，分东、中、西三路，构成一个大四合院，共有房45间，院外有围墙。不过，东路前院正房、中路院正房以及西过厅现已损毁，仅存墙体或地基，其他建筑主体完好。

灵水举人村

灵水村位于门头沟区斋堂镇西北部，是一个形成于辽金时代的古村。灵水村古迹众多，风景秀丽，是第二批中国历史文化名村之一。2013年湖南卫视大型亲子节目《爸爸去哪儿》第一站就在灵水村拍摄。这个山环水抱的古老村庄一下子进入了人们的视野，一时间，声名鹊起，游人络绎不绝……

灵水村，古称"冷水""凌水"，海拔430米，聚落面积6.4万平方米，西北高，东南低，略呈长方形。村庄背靠莲花峰，面临清水河，是"前有兆，后有靠"的风水宝地。这里风光秀丽、文物众多、民风淳朴、古韵犹存。

灵水村只有200多户人家。别看村子不大，却可以用"人杰地灵"来形容。灵水村古代出举人，近代出学子，现代出名人，明、清两代最为兴旺，形成独特的文化现象。灵水村明初就建有社学，尊师重教，读书上进蔚然成风。在明清科举制度下，村中考取功名的人层出不穷，共出过22名举人、2名进士和10余名全国最高学府国子监的监生，到了近代民国初年还有6人毕业于北京燕京大学，因而得名"灵水举人村"。

走进村子，那种古朴而灵动的气息扑面而来。且不说火龙王庙前的那棵有千年历史的古柏，古树边的那个八角龙池也是一个神奇的存在。据说，灵水村的"灵"是指村形像一只乌龟。龟是"四神灵"之玄武。"水"就是指八角龙池的水源了。《宛署杂记》记载："石生八角，中虚若池，泉出其底，冽而甘，古产龙之所，有龙逸出。用池中水洗眼可以明目，生喝可以治疗腹痛。"不过，现在泉眼已经干涸了。

灵水村自古有崇尚文化的遗风。自明洪武八年（1410年）村中即有社学，私塾更是众多。正是这种对传统文化的认同，让灵水村颇有儒雅之

"灵水举人村"由全国著名书法家杨再春先生所书

火龙王庙前的千年古柏

八角龙池

举人刘增广的宅院

风,也出了许多举人。

　　走进灵水村,古色古韵扑面而来。直到今天,村里还有多处保留完好的四合院。据统计,现存162套四合院中,有明代宅院6处,房屋22间,清代宅院约120套。灵水村的四合院和斋堂川其他传统村落的四合院类似,大多是由正房、倒座房和左右厢房组成,里面是一个相对窄一些的庭院。其中,最有名的就是几处举人故居,例如刘懋恒、刘增广、谭瑞龙、刘明飞故居等。这些宅院多为三进或

08 爨底下村和灵水村

五进，建有门楼、影壁、高台阶、大板门，过厅宽大，雕梁画栋，墙体厚实，磨砖对缝，砖雕简洁，花饰讲究。这些五进的四合院在京西山区非常罕见，也就只有在"举人村"才能见到吧。

从高处看错落有致的古民居

袅袅炊烟在浅山：京郊村落记忆 | 门头沟卷

立秋秋粥香

除了举人文化，灵水村还有一个特别的传统节日——秋粥节。

秋粥节是灵水村特有的一个节庆活动。说起秋粥节，还有一个感人的传说呢！据传，康熙七年（1668年）六月，斋堂川遭遇了连日的暴雨，很多百姓开始断粮断炊。举人刘懋恒和父亲刘应全在灵水村中搭上草棚，支起几口大锅，拿出自家粮食熬粥让灾民充饥果腹，渡过难关。

到了康熙二十一年（1682年），斋堂川又遇旱灾，农民们颗粒无收，这次刘家父子又在村里捐粮赈灾，帮助村民度过饥荒，挽救了近万人的生命。为了纪念刘举人的善举，也是为了表达对刘举人的感恩和敬仰，灵水村人就把立秋这天改为"秋粥节"。

灵水村的秋粥原料都是村里常见的食材，主要包括米、豆、花生、核桃等。这里的核桃可谓久负盛名，门头沟几乎村村都产核桃，核桃树多，核桃产量也大，最重要的是这里的核桃皮薄、仁满、个大，含脂率高达45%。这种核桃因为皮薄如纸、手捏壳碎，被称为"纸皮核桃"。

从刘家父子熬粥赈灾开始，秋粥节延续至今，已有300多年的历史，每年到了立秋这一天，灵水村就会分外热闹。一大清早，村民就会聚在村中的开阔地，支起几口大锅熬制秋粥。随着秋粥越熬越软，越熬越稠，一阵阵特别的芳香在村中弥散开来……

秋粥的香味不仅会引来全村的男女老幼，也会吸引远道而来的游客，大家都想在立秋的这一天尝一碗特别的"秋粥"，给自己贴上点特别的"秋膘"。灵水村的村民也非常好客，不论是村里人还是外来的游客，只要这一天你来到灵水村,都会给你盛一碗热气腾腾的粥。

秋粥还有一个名字,叫作"举人粥"。那些准备科考的学子以及读书人一定要喝"举人粥"。

"举人粥"的名声传出去后,每年都有应试的学子专门来喝,所以秋粥节这天,村里熬的粥很多,而且不论是谁,都可以免费喝。这秋粥寄托了质朴而美好的心愿,也许正是这个原因,它才如此好喝吧!

热气腾腾的秋粥

09 京西多有英雄村

斋堂地区有这样几个村庄，它们不仅是历史悠久的传统村落，更是因为村里出了很多抗战英雄而成了名副其实的英雄村。东胡林、西胡林和马兰村就是这样的英雄村。

万年东西胡

斋堂地区流传着这么一首民谣："清水的腿，灵水的嘴，东西胡林的长流水。"东、西胡林就是指坐落在清水河畔的两个村子，一个是东胡林村，一个是西胡林村。长流水会带来庄稼的丰收，东、西胡林自古就是富庶之地，也是历史悠久的古村落，早在新石器时代就有人类居住，辽代时称胡家林村，明代时分成东、西二村，居西的叫西胡林，居东的叫东胡林。1966年，东胡林曾出土距今1万年左右的古人类化石，后被命名为东胡林人。这一发现使东胡林声名远播，但是人们并不知道东胡林和西胡林曾经是一个村。

东胡林村因发掘的东胡林人遗址，也被称为"万年村"。

东胡林人遗址位于东胡林村西，清水河北岸的二级阶地上。1966年，东胡林村村民在整修梯田时发现了一处墓葬，挖出了3具人骨以及螺壳项链、骨镯等文化遗物。之后中国科学院古脊椎动物与古人类研究所在此进行了发掘和研究。这个墓葬位于全新世黄土底部，马兰黄土顶部，墓葬里的人骨分属于1个少女和2个成年男性，经研究认为这是一座新石器时代的墓葬。为进一步研究分析遗址的文化堆积状况，经国家文物局批准，北京大学考古文博学院和北京市文物研究所联合组成了专业的考古队发掘队，在2001年至2005年之间对东胡林人遗址进行了多次发掘。

2001年7月到8月的第一次正式发掘，不仅出土了一批石器、陶器、骨器、人骨、螺壳、兽骨等重要遗物，还发现了多处东胡林人的烧火遗迹。2003年考古队再次对东胡林人遗址进行发掘，又发现了一批重要遗物及几处用火遗迹，同时还发现了一座保存完好的新石器时代早期墓葬，墓葬中发现了我国最早的新石器时代早期完整人类骨架。被挖掘出来的东胡林人是位女性，身高在1.60米以上，骨架保存完好，鼻部有类似玉石的覆盖物。2005年考古队对东胡林人遗址进行了第三次发掘，10月，考古队发现了墓框和人类遗骸，此次发掘的遗骸为屈肢葬，遗骸头朝东，双手抱在胸前，双腿蜷屈在胸前，遍体完整，长约1.2米。屈肢葬的发现再次轰动了整个考古界。

专家们一致认为东胡林人遗址是十分难得的考古研究基地，东胡林人类骨架对考古学、人类学、环境地理学等多学科的研究都具有重要意义和学术价值。东胡林人可以被看成新石器文化的创造者和革命者，填补了自山顶洞人以来至今1万年左右人类发展史中的空白。另外，东胡林人所处时期地球上自然环境发生巨变，考古发现对研究北京地区气候的变化以及环境变化对人类早期文化发展的影响具有重要意义。

如今，东胡林人遗址依然保存，被公布为门头沟区重点文物保护单位。今后将得到更妥善的保护，使之成为西山永定河文化带上一颗璀璨明珠。

虽然东胡林人遗址位于东胡林村，但是毕竟过去了1万多年，要说起村落的现状，反倒是西胡林村的古民居更多。西胡林村位于斋堂川清水河南岸，109国道南侧，西面距斋堂镇政府约4千米，东北距东胡林村0.5千米。

袅袅炊烟在浅山：京郊村落记忆 ｜门头沟卷

绿树掩映中的东胡林人遗址（董恒年摄）

2016年12月9日，西胡林村入选第四批中国传统村落名录。2018年3月，西胡林村入选北京首批市级传统村落名录。

西胡林村四周都是连绵起伏的山地丘陵，小小的山村依山而建，错落有致，民居多为明清时期所建，幽深的街巷、古朴的宅院、精美的门楼，都见证了这里曾经的富足繁华。

西胡林村曾经的繁荣得益于其独特而优越的地理位置，由于村子坐落在清水河畔，河水的浇灌带来庄稼的丰收，百姓的生活一直较为富裕。不仅如此，村子又地处京西古道的西山古道上，做买卖也非常便利。所以村里经商的谭家和种地的石家成了远近闻名的富庶之家。过去人们富裕后要做的第一件事就是买房置地，修宅建院。村内至今仍有众多明清时期的三合院、四合院，最具代表性的是石德堂，前院为四合院，后院只有东、西厢房，还有一个大西院，三院有过道相通，故称"连三处"。

除了院落，西胡林的门楼也值得一看，村里至今还完好地保留着明清时期的门楼有10余处。村内的门楼主要由山墙、屋顶、木门几大部分组成。四级条石踏步、墙腿石雕刻图案、形状各异的门墩石、木质大门、彩绘门罩、墀头砖雕、雕刻图案的门楣，这些都显得门楼庄重华贵。特别是门楼上的彩绘门罩尤其精美，主要表现在题材广泛，生活气息浓郁，牡丹缠枝的木质雕花屏风，门罩内部有钟、表、书、笔、荷花、瓷瓶等图案的彩绘，历经多年颜色仍能保持鲜艳，给古朴的门楼增色不少。

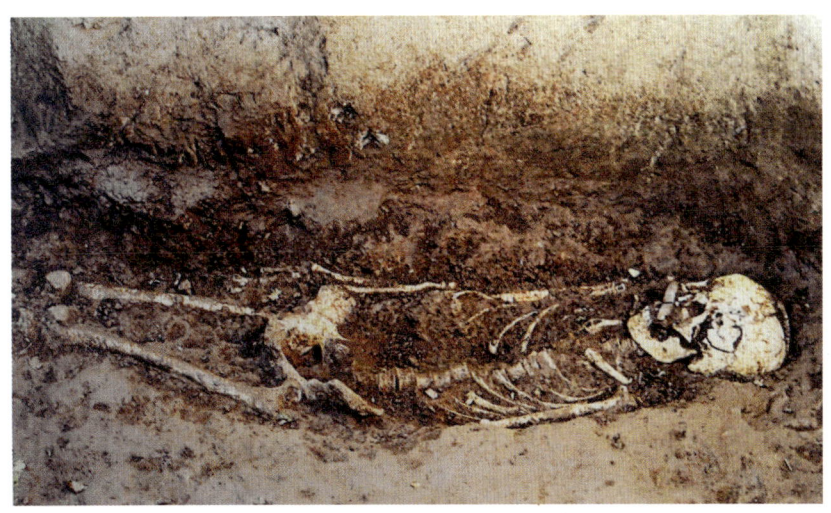

东胡林人遗址出土墓葬（翻拍自古道博物馆）

 袅袅炊烟在浅山：京郊村落记忆 ┃门头沟卷

老房子的屋顶

门楼上的彩绘还依稀可见（董恒年摄）

东、西胡林村的英雄们

东、西胡林村不仅历史悠久,还有着优良的革命传统,在抗日战争期间,谱写了一段段可歌可泣的抗击日本侵略者的历史。

抗日战争爆发后,门头沟斋堂地区因为层峦叠嶂,沟壑纵横,成为平西抗日敌后战场的指挥中心。东、西胡林村的乡亲们也加入了保家卫国、抗击日寇的滚滚洪流,村里的青年男子纷纷参加八路军,走上抗击侵略者的战场,涌现出许多抗日英雄和革命烈士。

李成如生于1915年,是西胡林村第三任村党支部书记。1942年的一天,李成如和3名中共地下党员正在村里召开秘密会议,却被叛徒告密而被捕。入狱后,他受尽酷刑,坚贞不屈,牺牲时年仅28岁。李成如的弟弟李成功,生于1918年,是晋察冀军区十团干部,1939年也在新保安壮烈牺牲,年仅21岁。

刘化杰是东胡林村人,因为表现英勇,被提升为河北省涿鹿县委的组织部长,1945年在与日寇的激烈战斗中壮烈牺牲,年仅18岁。

东胡林村的吕广勤,1940年参加革命,后来任宛平县六区的公安员,1941年不幸被捕,在严刑拷打面前,他没有泄露党的机密,英勇就义。

西胡林村还有石建普、李成龙、李文选、石有德、石宏仁、谭庚、王文田、石凯、王文奎、谭桂悦、王文凯、李华静、石建纯、谭哲、王银臣、刘桂芬、王文建、李进义、刘海臣、石增福、王文选、王华春、石存仁等20多位抗日英雄,东胡林村有吕广金、吕海禄、刘巨祥、吕广远、吕广勤、刘甫善、刘德胜、刘仕杰、艾连科、吕海参等十几位抗日英

袅袅炊烟在浅山：京郊村落记忆 ｜ 门头沟卷

参加抗战的老奶奶（董恒年摄）

雄，他们均在抗战中壮烈牺牲。

村里的老幼妇孺也不甘示弱，用自己的方式支援前线战士，和日本侵略者做着不屈不挠的斗争。据村里的老人讲，当年，西胡林村村民们为了支援八路军，积极交公粮，做军鞋。每年交4万千克公粮，400双军鞋。1938年和1939年，日军为了切断八路军游击队的联系，实行并村政策，西胡林的村民坚决抵制，绝不妥协，日寇恼羞成怒，两年间烧毁村里房屋500多间，这个千年的古村，就这样被损毁大半，很多历史古建筑只存在于老人们的记忆中，留下的只有那些残垣断壁和雕梁画栋的门楼，在无声地讲述着日本侵略者所犯下的罪行……

东胡林村也损失惨重，仅1938年就被日军抄走粮食2500多千克。烧毁民房200余间。日军还烧掉了钟楼、鼓楼、龙王庙和20间中堂寺。

铁血马栏排

马栏村，明代圈放马匹之地，故名马栏。该村为门头沟区斋堂镇辖村，位于109国道83千米处以南，距斋堂镇政府4千米。这是个南北狭长的村落，始建于元代，是北京古驿道上的传统村落。抗战时期，八路军冀热察挺进军司令部曾驻扎这里，因此又被称为京西红村。正是"当年抗日鏖战急，将士浴血马栏村"。

马栏村地处太行山余脉，平均海拔600米以上。村落依山势而建，沿山体呈带状分布。

村口重现了当年的抗日场景，路口放着木质拒马，麻袋掩体上还架着机枪。远远地望去，斑驳的砖砌墙面，凹凸的石板路，恍惚间好像看到拿

重现当年的抗日场景

着枪的八路军走过……这里记录着那段弥漫着抗日硝烟的战争岁月。

当年,英雄的马栏村村民一边抗日一边生产,一手拿枪一手拿锄,一直坚持到抗战胜利。在艰苦卓绝的革命斗争中,用满腔热血谱写了一部可歌可泣的英雄史诗。马栏村也成为当年京西抗日的中心。

1938年11月,中共中央决定成立冀热察挺进军和中共冀热察区委,担负开辟平西、平北、冀东抗日根据地的任务。1939年2月,由八路军第四纵队和冀东抗日武装正式组成冀热察挺进军,萧克任司令员。1939年10月,萧克率领的冀热察挺进军进驻马栏村,司令部就设在村中一座标准的两进四合院内。自此,挺进军在司令员萧克的带领下,以斋堂为中心,转战平西、平北和冀东广大地区,积极进行抗日武装斗争,粉碎了日军的多次围剿,打击了日军的嚣张气焰,一股红色的旋风席卷了京西永定河谷的村村寨寨。

挺进军在斋堂川的这段抗战岁月,不断打击敌人,发展自己,逐步发展到正规部队1万余人,游击队1万余人,还建立了广大的民兵组织,终于把平西建成巍然屹立于敌后的抗日根据地。在那个战争年代中,萧克将军在当时马栏村的小煤窑里完成了20多万字的小说初稿,他将小说命名为《罗霄军》。后几经修改扩充文字,改名为《浴血罗霄》,获得第三届茅盾文学奖。

当年,作为抗战英雄村,马栏村有40多名民兵加入了挺进军,这个小小山村,居然组成了一个"马栏排",而这些马栏儿女都为抗战献出了生命。从村口通往挺进军司令部旧址的石板路上,钉着40枚五星钢钉。这些钢钉代表40名钢筋铁骨的"马栏排"战士,他们随挺进军征战,全部为国捐躯。

1940年,日军发现挺进军司令部驻地后,多次派飞机轰炸,后来挺进军司令部进行了转移。1942年,挺进军离开斋堂川,转移到外线作战,平西根据地依靠民兵、游击队与敌人周旋,一直坚持到抗战胜利。

此后,冀热察挺进军司令部旧址被村民保护下来,并在原址上建立了陈列馆,1995年,冀热察挺进军司令部旧址被列为北京市文物保护单位,现在,成为北京市百家博物馆和北京市青少年爱国主义教育基地,也是红色旅游的好去处。

除了司令部旧址,马栏村还保存了挺进军司令部政治处、机要科、医院、枪械所和弹药库等遗迹。这些遗迹仿佛都在讲述着传奇的抗战故事,歌颂着英雄的马栏儿女……

石板路上的五星钢钉和铁掌(组图)

袅袅炊烟在浅山：京郊村落记忆 | 门头沟卷

挺进军司令部

到马栏村，必须要去的地方就是冀热察挺进军司令部旧址陈列馆，这是一处坐西朝东的四合院，当年萧克将军就在这里指挥对日作战。整个院落非常古朴，还保留着过去的风貌，青砖青瓦青石板，木柱木门木窗棂，门首一块原色的木板上写着"冀热察挺进军驻地"，这块牌匾还是萧克将军亲笔题写的。

冀热察挺进军司令部旧址陈列馆

陈列馆面积240平方米，分为6个展室，陈列着数百件实物和图片，用大量的实物和图片资料，展现了冀热察挺进军在萧克等将军的领导下，充分发动群众，开展抗日武装斗争，建立平西抗日根据地，打击日本侵略者的生动故事；同时也展现了马栏村人民在抗战期间积极支前、送子参军、奋勇杀敌、不惜牺牲，配合挺进军进行游击战、破袭战、地雷战、伏击歼灭战的史实。

步入陈列馆，萧克将军题写的一首诗便映入眼帘："北渡拒马河，百花山在望。建立挺进军，深入敌心脏。放眼冀热察，前程不可量。军民同协力，胜过诸葛亮。抗战虽持久，笑我力正壮。"陈列馆里摆放着当年冀热察挺进军将士们使用过的各种物品，这些物品主要是村民捐献的，还有一些是从外地征集来的。其中不乏洗得发白的八路军军装，当年使用的煤油灯、电话、军用水壶，还有军用刺刀、手枪等。

在陈列馆院内角落处还有一座约2米宽、2米高、10米长的防空洞。洞内陈列着储水罐等物品。

陈列馆是由马栏村村民根据冀热察挺进军驻地原址四合院改建的。早在1977年的时候，马栏村的村民就通过村民集资的形式，筹建这个陈列馆，他们用自己的钱把这所四合院加以修缮，

防空洞

袅袅炊烟在浅山：京郊村落记忆 ｜门头沟卷

陈列馆是北京市青少年教育基地

改建成了冀热察挺进军司令部旧址陈列馆,而且免费对外开放。他们修建这所陈列馆的目的就是要把抗战遗迹保护下来,让后人不忘马栏村那段英勇的抗战历史,传承先辈们的抗战精神。

2001年夏,北京市启动了"3.3亿元文物古建抢险修缮工程",其中就包括马栏村的八路军冀热察挺进军司令部旧址的维修工程。这个工程由北京市古代建筑研究所承接,他们派出专业技术人员对这个四合院进行了现状测绘并勘察损伤,发现院落平面格局未遭破坏,但地面大部分被拆改,建筑本体损伤严重,亟待修缮。

经过一年的修缮,陈列馆保存了原有的建筑格局,并最大限度地保持了当年司令部的原貌,桌、椅、文件柜等均按原样陈列,同时消除了安全隐患,重新展现出旧址极具历史沧桑感的独特风貌。

自陈列馆建立以来,这里成为门头沟红色旅游的标志性景点,来参观的游客络绎不绝,平均每天接待游客一两百人,一年接待量在5万人左右。

走在马栏村,仿佛走进了电影拍摄现场,八路军行军拉歌、练习大刀术、盘查通行证件、询问口令;沿途百姓纳鞋底、纺线、碾军粮、站岗放哨……这一幕幕军民团结抗战的画面,不是在拍电影,也不是时空穿越,而是"红色马栏"沉浸式爱国主义教育基地的特色体验项目。

"红色马栏"沉浸式爱国主义教育基地以整个村庄作为舞台,进行了整体包装,复原了挺进军、警卫排、卫生所、枪械所、《挺进报》印刷所、军人小卖部等年代场景,由专业演员和村民演员配合演出,通过人物角色、道具、置景、音效的气氛营造,给体验者强烈的代入感,再现峥嵘的抗战岁月,展现挺进军和马栏人民的英勇斗争画面,使体验者身临其境,重温红色情怀。

马栏村,京西大山里的一个小村落,一亭一院皆有历史沧桑,一砖一瓦还原历史风烟,这个古老的村落,沐浴在红色光芒中,展现出自己独特的风格。

10 古槐老井映石舍

《周易·象辞》有云:"巽乎水而上水,井。井养而不穷也。"从门头沟区雁翅镇往西南出发,一路盘山绕过数道山坳,展现在眼前的便是大山深处的"井养"古村——碣石村。村落古房古院、古井古槐,古色古香,古风古韵。

古井的故事

碣石村位于门头沟区雁翅镇西部,距镇政府9千米,距109国道6千米,下了国道,走青杨公路直达村中。

碣石村是一个开发较早的古村落,有着悠久的历史和美丽的传说。据十三陵碑文记载,碣石村原名叫"三岔村",村里有于、何、高三大姓氏,并且这三大家族声名显赫,有"高知府,何知县,于家三翰林"之说。不知从哪朝哪代起,三岔村消失了,后来人们根据村子周边的无数巨石,取"立石为碑,卧石为碣"的说法,重新定名为碣石村。

碣石村最大的特色就是水井多。明代时,碣石村就已有水井几十眼,许多水井现在还保存完好,并被村民正常使用着。据说,碣石村最多时有水井72眼,现在只剩下五十几眼,大多水深3米左右。虽说现在只剩五十几眼水井,但仍然是门头沟水井最多的一个村庄,村民按照用途把水井分为三类:生活用水、农业生产用水和庙宇用水。正是因为水井多,碣石村被中国城市建设研究院确定为"京西井养第一村"。

走进碣石村,会发现随处可见的水井遍布全村,几百年来,这个没

10 古槐老井映石舍

有河流经过的小山村,就是靠这些水井滋养了一代又一代人。村民们很感恩这些水井,还为这些水井分别起了名字,立了牌子,和这些名字相关的往往是一段故事或者一个传说,水井的历史已经和碣石村的历史融为一体。

碣石村随处可见水井

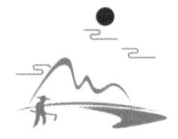

龙王庙中的龙王井就是一口有故事的井。龙王庙在村子东部,是一个坐东朝西的三合院,有三间东房、三间南房和三间北房。龙王庙供奉着龙王、雷公、雨师、风婆、电母等。天旱时,村民们还会把神像搬到村中,搭棚供奉,以求风调雨顺,五谷丰登。

龙王井就在龙王庙前,这口水井的神奇之处是无论打多少井水,水位都不见下降。碣石村还有几口有名的井:韩家井、王家井和官井。韩家井是碣石村最具代表性的古井之一,据说有200多年的历史。井水清澈甘醇,可谓"涧花入井水味香"。王家井原为王家自家用井,已有300多年的历史,三伏盛夏井水清凉可口,数九寒冬井口热气腾腾,是上等优质水源,后来一直被村民作为公用井继续使用。官井是20世纪50年代挖的,当时碣石村遭遇旱情,家里没井的几户村民觉得到别人家打水不方便,就自发集资挖了一口公共用井。

两棵老槐树

除了古井,要说最有故事的就是村里的那两棵老槐树了!一棵叫作"定村槐",一棵叫作"二号槐"。这两棵槐树都是国家"一级古木",树龄都超过千年,是碣石村的珍宝。

其中,"二号槐"被村民亲切地称为"二槐"。"二槐"有灵性,多年来有好几次遭遇狂风摧残,却从不曾伤到过村民一丝一毫。1987年正月初六那天,"二槐"不幸失火,浓烟和火苗顺着树筒呼呼地往上冒。关键时刻,

10 古槐老井映石舍

定村槐(刘建刚摄)

全村人紧急出动,和消防队员一起灭火,经过一天一夜的努力,终于将火彻底扑灭了!当时大家还担心"二槐"被烧坏,可是这棵老树不仅没有失去生命力,反而越来越茂盛了。

如今两棵古树枝繁叶茂,绿荫如盖,微风吹过,树叶沙沙作响,仿佛也在给我们讲述着很多很多古老的传说。

古朴的村落

碣石村是个古村,村子的主要道路是一条东西走向的街道,长约200米,有6条南北走向的胡同和主街交错。在街巷的两侧错落分布着很多保存完好的古民居。碣石村共有古院落59座177间,包括二合院14座、三合院27座、四合院18座。

碣石村依山而建,古朴庄重,穿行在村子的街巷中,历史的沧桑感扑面而来。高低错落的古民居以明清建筑为主,大多为硬山屋顶,随处可见高高翘起的蝎子尾,玲珑剔透的平草砖,线脚流畅的盘子以及多层瓦条等构件。时不时会路过一口古井,绕过一棵古树,偶尔也会看见路边的大石臼,抑或被石碾子吸引视线,还有三三两两在一起聊天的老人家,一切是那么和谐,那么自然。

推开一扇扇大门,近距离观察每个院落,那些精美的砖雕、木雕和彩绘装饰虽然历经岁月的洗礼,褪去了曾经的艳丽奢华,但它们散发出的古朴韵味却更加浓厚,依然可以从朴质的砖雕、多变的窗棂、古旧的门

10 古槐老井映石舍

古朴的院门

袅袅炊烟在浅山：京郊村落记忆 | 门头沟卷

地上的大石臼

扉里看到当年辉煌。由于院落的主人不同，每个院落都有其独到之处，从屋脊的雕花到门前的台阶，都展现出古人的智慧和技艺，同时也能看出当时的尊卑等级，文人、官员、百姓的房屋各不相同，各有特色。

只是很多老房子都已无人居住，多数都有铁将军把门，很多房屋得不到修缮，有的陈旧破败，有的漏风漏雨，有的墙倒房塌。

在碣石村，有一处院落，门上挂着一块牌子，牌子上写着"萧克指挥部"。当年挺进军司令员萧克将军曾经在这个院子里住过，现在这个院落已成为一个重要的历史纪念地。在萧克指挥部的北边也是一处老院落，牌子上写着"碣石乡政府旧址"，现在也是空置状态，这些都说明碣石村是抗战时期的重要革命根据地。

在碣石村看到的景致别有趣味，整个村落就像一幅美妙的画卷，巨石、老井、古院、大树、老人、小狗……一切都是这么古朴、安详和自然，这不就是我们追求的世外桃源吗？

村口聊天的老人们（刘建刚摄）

岁月的痕迹

（四）槐井石舍

"槐井石舍"位于碣石这个古朴静谧的小村，古槐、老井、巨石、民舍是碣石村的特色，"槐井石舍"的名字就是由此而来，它静悄悄地在大山中独自美丽，符合人们对世外桃源的想象。

一进小村，就会被民宿的大院子惊艳到，大门上写着"日出篱东水，云生舍北泥"，下面的牌子上有四个大字"槐井石舍"。这个大院依山而

槐井石舍的大门

10 古槐老井映石舍

建、石墙、木门、青砖房、石板地。院子很大,院内有木桌、木椅、秋千,还有几个小磨盘,古朴、随意,还带着几分温馨,可以想象,傍晚时分,品一杯咖啡,抑或一杯清茶,坐在木桌前看一本闲书,看累了就去荡一会儿秋千,就这样奢侈地消磨一下时光,将会是一件多么美好的体验……

据店主介绍,"槐井石舍"是由几位志趣相投的设计师朋友共同打造的,他们对碣石村闲置的院落和房子进行翻修,运用石瓦砖木等传统材料,营造拙朴而亲切、精致而有味道的乡村风情。在整体规划上,他们十分注重院落的概念,一房一院,既能最大限度保证客人的隐私,又能通过

槐井石舍的大院子

袅袅炊烟在浅山：京郊村落记忆 ｜门头沟卷

落地窗把景观引入室内，营造出一种"诗意的栖息"的氛围，让人感到惬意和放松。

民宿整体占地面积2000平方米，可供住宿的共有五个院落，四种房型，中式古典的味道在这里体现得淋漓尽致。由于位置和特色不同，五个院落分别叫作槐坊院、核桃院、耕田院、临巷小院和观山院。每个院子都有不同的味道，不同的情怀，不同的感受。

除了住宿、餐饮，这里还会举办采摘、品茶、手作、骑行、远足等多项活动。这里不仅是一处旅游休闲的世外桃源，更是一个乡建文创平台，邀志同道合的朋友一起游山玩水，感受古村的魅力。

小餐厅

十一 玫瑰花香飘涧沟

涧沟村位于门头沟区西北部，属于妙峰山镇辖村，距离门城新区约30千米，虽然涧沟村只是个几百户人家的小村，但因为毗邻著名的民俗旅游胜地妙峰山景区，同时距离城区也比较近，现在已经发展成为在北京颇有名气的民俗旅游村，2012年荣获"北京最美乡村"的荣誉称号。来涧沟村，可以游玫瑰谷，住农家院，吃玫瑰宴。

花香玫瑰谷

妙峰山动植物种类非常丰富，其中，最著名的一种植物就是妙峰山玫瑰，被称为"华北一绝"。因为妙峰山的土壤、水质、气候等自然条件非常适宜玫瑰的生长，所以妙峰山玫瑰花朵大、花瓣厚，颜色鲜艳，气味芬芳，含油量也很高，在我国北方地区极为少见。因此，"金顶妙峰山玫瑰花"品牌驰名中外。

每年6月一个月的时间，是妙峰山玫瑰花季。漫山遍野的玫瑰争奇斗艳，芬芳袭人。妙峰山主峰东南的涧沟村一带玫瑰种植最为集中，号称千亩玫瑰园，相传这里的玫瑰最早是500年前栽种的，随着一年一年玫瑰花的大量繁衍，逐渐形成规模。这里的玫瑰花花形大、色彩艳丽、香味浓郁，具有较高的药用价值、食用价值和观赏功能。每到玫瑰花季，中外游客纷至沓来，徜徉在玫瑰园中，看着娇艳的玫瑰，闻着迷人的花香，如醉如痴，流连忘返。来这里的人们，还有一个目的，就是祈求自己能拥有一段美好的姻缘。因此，这里还有一个浪漫的名字叫作"玫瑰谷"。

11 玫瑰花香飘涧沟

高山玫瑰园

晒干的玫瑰花

据说欣赏玫瑰美景的最佳时间是清晨。如果是开花时节，采花人会披星戴月上山，赶在夜露未干，花苞绽放之际，穿梭于玫瑰花丛之中，把一朵朵玫瑰采摘下来，一篓一篓背下山去。所以，有些人会选择住在涧沟村，第二天一早去看带露的玫瑰，还可以看到采花的花农。

说起来，今天的玫瑰谷这么有名，离不开涧沟村民的辛勤开发。20世纪末，涧沟村大力拓展玫瑰种植面积，开发玫瑰新品种，如今，玫瑰花是涧沟村的一大特产，涧沟村的玫瑰种植面积已达353.34公顷。每逢花季，漫山遍野的玫瑰花成为涧沟村的另一道风景。村民将玫瑰花充分利用起来：采摘的鲜花做成玫瑰饼、玫瑰茶，晾干的花蕾加工做成玫瑰酱，还有玫瑰露酒、玫瑰精油，甚至玫瑰花枕头等。

玫瑰黄芩茶

二

涧沟民俗村

涧沟村能够发展成远近闻名的一个民俗村，是有很多先天优势的。

首先是地理位置的优势。涧沟村位于门头沟区东北部，东与海淀相连，北与昌平交界，西临上苇甸村，南距樱桃沟村8.25千米。村子地处妙峰山下沟口偏坡之上，地势北高南低。

11 玫瑰花香飘涧沟

涧沟村周边可看可游的地方很多,有闻名遐迩的民俗旅游胜地金顶妙峰山,有国家级森林公园、玫瑰山谷,村里还有平西情报交通联络站旧址。

妙峰山风景区就位于涧沟村域内,因其山顶的巨石在阳光照耀下宛如金色莲花,故被康熙皇帝敕封为"金顶"。不过妙峰山的盛名主要来自山顶的娘娘庙。娘娘庙始建于辽代,经过历代的修缮扩建,逐渐形成了以灵感宫为中心,包括回香阁、玉皇顶等18座殿宇的建筑群。山上佛、道、释、俗俱全,因此人气很旺,加上民间传说娘娘庙里的碧霞元君神通广大,因此明清以及民国时期这里香火极盛,成为华北地区的民众信仰中心。

自明朝后期,每逢妙峰山庙会的日子,这里就热闹非凡,很多条古香道都经过这里,也因此,数百年来,去往妙峰山的香客很多都会住涧沟村,涧沟村的村民也形成了热情好客的传统。

其次这里民风淳朴,热情好客。涧沟村辽代建村,因为其村址位于妙峰山下东沟、北沟、西沟三条沟的交汇处,所以这里最初的村名叫"三叉涧",直到1943年改名为"涧沟村",并沿用至今。如今住着几百户人家的小山村,依然保持着古风古貌:青砖灰瓦的老屋古院,石板铺就的村中小道,历经沧桑的松柏老槐,还有亲切自然的人声犬吠,使这里宛若世外桃源。

涧沟村离109国道很近,若自驾,驱车走阜石路到门头沟,再沿109国道从担礼路口向北走担涧路约16千米,就到涧沟村了。还有一条游客非常喜欢走的传统的线路,也是一条古香道,就是从海淀出发,翻越阳台山,从山顶下来后,就到了涧沟村。或吃或住,总之,这个小村是人们不愿绕过的必经之地。

还有一个原因就是和玫瑰有关。如今,玫瑰花是涧沟村的一大特产,玫瑰饼、玫瑰茶、玫瑰酱、玫瑰露酒、玫瑰精油、玫瑰花枕头……今天的涧沟村,将主导产业确定为民俗旅游接待和玫瑰花种植业,已经是集民俗采风、寻古探幽为一体的民俗旅游村。

平西情报站

涧沟村不仅是一个民俗旅游村,还是一个红色旅游村。著名的平西情报交通站曾经就隐藏在这个不怎么起眼的小村中。今天的涧沟村在过去情报站的基础上建成了平西情报交通联络站纪念馆,2009年4月13日平西情报交通联络站展馆正式开馆,成为北京第一个公开展出的以情报战线为主题的展览馆,是红色旅游的好去处。

如果沿着盘山公路109国道经过一路的蜿蜒曲折来到涧沟村,就能够理解为什么这个小山村里会诞生一个如此名震京西的交通情报站。这个坐落在妙峰山脚下的涧沟村,距离北京城不远也不近,周围山高林密,利于隐蔽,由此向东翻山越岭经北安河、温泉、海淀有一条直达北京城的古香道,而妙峰山的香客常年不断,又有不少贩卖本地果品的商贩经常往返于北京城,这些有利条件都为传递情报提供了掩护。

2008年,平西情报联络站纪念馆建成,免费面向社会开放,且已升级为国家安全部全国国家安全教育基地。

纪念馆主要有三个展厅和一个专门播放宣传片的数字放映厅,展厅内挂满了展板,展板上有许多珍贵的老照片,有历任站长、交通员以及当年写有情报的纸片等照片,下面的展台里有一些当年情报人员使用过的物件,比如马灯、水壶、饭碗,还有一些情报人员用过的武器,有手枪、军刀、匕首等。另外,一个展柜里集中摆放着各种证件的复制品,这些证件有抗日战争时期的良民证,以及解放战争时期的国民党党员证等。

红色讲解员

平西情报交通联络站是1941年初根据中共中央社会部的意见,在根据地与北平城之间建立的一个负责传递情报和护送来往人员的工作站。当年平西情报站的主要任务有四项:一是开展和"东北抗联"的联络工作;二是对北平、天津和东北地区情报工作的领导;三是电讯联络;四是传递情报资料以及对出入北平、天津和东北地区过往人员的接送及军用物资等运送。从1939年6月至1949年1月北平解放，近10年的时间，在平西情报站工作的人员有近100人。其中有10人为革命献出了他们宝贵的生命。他们为晋察冀根据地的建设，为北平的和平解放都做出了重大贡献。

四

交通线与联络员

平西情报交通联络站纪念馆的院子里，正对大门的墙壁上有一组浮雕，展现的内容是当年情报站收发电报和运送人员的情景。

据展馆的负责人介绍，妙峰山地处平西抗日根据地的前哨，也是敌我交锋拉锯之处，战略位置非常重要。当年从北平通往根据地的三条路线在此会合，而涧沟村一带的地形利于隐蔽。加上妙峰山一带山路上香客和商贩穿梭不断，为情报人员传递情报提供了有利的掩护，正是考虑了这些因素，最终情报联络站选择了涧沟村。

在抗日战争和解放战争时期，萧克、杨成武、纪亭榭、萧文玖、焦若愚等开国元勋都曾在这里战斗过。除了传递情报，涧沟村也是抗日将领、爱国青年、革命人士、国际友人和知识分子赴山西和延安秘密通道上的重要节点。

国际友人林迈可夫妇就是通过这条交通线到达延安的。林迈可出身于英国贵族家庭，毕业于牛津大学，1937年受燕京大学的聘请到北平教书，与白求恩大夫同船来到中国。他利用自己的英国公民身份，秘密为中国军队采购药品、手术器材等重要物资。后来，太平洋战争爆发，林迈可教授

11 玫瑰花香飘涧沟

纪念馆内的浮雕

闻讯,偕妻子和友人在日军抓捕前10分钟,开着校长司徒雷登的汽车成功逃出燕京大学,开到北安河后弃车,由龙泉寺西上,翻过海淀区与门头沟区交界处的小黑山,进入妙峰山地区,在经历了晋察冀军区的惊险之旅后,林迈可夫妇终于到达延安,他们夫妇二人对中国的情报事业和新闻事业做出了巨大贡献。并且自从纪念馆对外开放后,林迈可的后辈先后两次

参观拜访,可见他们对这里感情很深。

今天,这条交通线已经成为游客最喜欢徒步的一条穿越线路之一,被称为古香道穿越线。大致路线是从海淀区的北安河出发,穿过北安河村,再向西走15分钟到达鹫峰公园门口附近的铁路,从这里再沿着一条小路就可以到达阳台山公园大门,从阳台山公园沿着凹凸不平的石板路向上走到海拔约380米处就到了金仙庵,庵旁有一眼山泉,名叫金山泉,很多游人都在这里打泉水喝。在这里小憩一下,继续向右走入古香道,从这里开始道路随山势逐渐升高,一直向上攀登,到海拔1100米左右就是海淀与门头沟交界的山脊了,过了这道山脊,一路下行,穿过玫瑰谷,最后到达涧沟村。

这条线路全程约16千米,平均每4千米有一个茶棚或茶棚的遗迹。在上山过程中,一小半山路相对平缓,一大半山路略显陡峭,全程需要五六个小时。

当年涧沟村家家住过八路军,户户为革命做过贡献。村里的党员带领群众为八路军做军鞋、抬担架,青壮年参军参战,保家卫国,这个小小的村庄有20人参加了八路军和解放军,有7位烈士为革命献出了生命,他们是涧沟村的骄傲。直到今天,村里人提起他们,还是非常地自豪。

在院内的角落里有一间"发报室",一个身穿蓝褂的妇女正坐在几块石板垒成的桌子前发情报。是的,这是一个雕塑,这个雕塑的原型叫作苏静,是一名中共地下工作者。1943年冬,为了使平津的地下情报工作联络畅通,上级决定在妙峰山涧沟村建立一个隐蔽电台,而苏静就被派往这里负责新建电台。为了绝对保密,她与落脚的农户家的儿子假扮夫妻,白天跟"婆婆"一起做饭,与"家人"一起干活。到了晚上她就一个人在山上一个狭小的山洞里用电台收发情报,虽然生活条件十分艰苦,但她的秘密

11 玫瑰花香飘涧沟

收发情报工作，一直坚持到解放战争胜利。

涧沟村还有一对夫妻，村里人说他们很像电视剧《潜伏》中的余则成和翠萍，他们就是曾被媒体广泛报道的王文和王凤岐夫妇。王凤岐与翠萍更为相像，她曾是游击队长，为了掩护王文的秘密发报工作，组织安排她从河北易县假装王文的妻子来到北平城。虽然王文是留苏学生，而王凤岐只是农村妇女，但他们最终却成为真正的爱人，走到了一起。

虽然这里只是一个小小的交通站，只有一部电台，可这里却发出过非常重要的情报，甚至"抵得上十万兵马"。在1947年10月11日，蒋介石飞到北平，命令驻石家庄的主力第三军军长罗历戎亲率部队赶赴保定地区，企图南北两面夹击晋察冀野战军。这条极为重要的情报被我方获取，由当时平西交通站的一位叫甘凌的工作人员迅速编成了700字电文，第一时间发给了晋察冀社会部。晋察冀野战军主力接到情报后，立即改变行军路线，连夜从保北山区赶到望都以南的清风店，以闪电攻势将北进中的国民党第三军包围并全部歼灭。接着乘胜南下，解放了石家庄。战后聂荣臻将军曾感慨地说：

女发报员雕塑

"这份情报抵得上十万兵马。"

现如今,已经有人重走了一遍交通线,来涧沟村专门看平西交通站。未来希望更多的人来这里看看,希望更多的人记住这些地下尖兵,传承他们为民族独立和祖国解放不畏艰险,不怕牺牲,忘我地战斗在这条秘密交通线上的爱国情怀。

12 梯田环绕长寿村

"四面皆环山,村子在中间。北有玉石生,东有黄沙漫。"闭上眼睛,一处如诗如画的世外桃源便浮现在眼前,这就是京西古村黄土贵村。

一

小村黄土贵

据村里老人讲,黄土贵村和邻接的碣石村以及消失了的朱窝村,曾经都在一起,也可以说最初这三个村就是一个村。据明代的十三陵碑刻记载,这里很早就有采土采矿炼银的历史,并流传有"碣石的土,朱窝的沙,一两炼出一钱八"的俚语。清代时一两银子就是十钱,能够兑换1000文铜钱,那么一钱八就能兑换180文钱,而当时的一担米[1]需要600文到700文钱,如果说一两土就能炼出一钱八的银子,也就是说不到四两土就能换一担米,如果这是真的,那这里的黄土还是挺贵的。

那么,这里的土真能炼出白银来吗?据村里老人说,村西修水库时,曾挖出了古代的铁炉,铁炉相当沉重,大家砸它的时候,曾发现过一块黄豆大的银子,这也证实了此地就是过去的银场所在。

明代,黄土贵尚未成村,但已有人居住,归朱窝村统辖。后来,朱窝遭永定河洪水冲击,部分房屋被毁[2],村民逃到高处山中定居下来,形成了

---

[1] 一担米等于100斤米。

[2] 《门头沟区志》明确记载:"清嘉庆六年(1801年)六月五日京师大雨,七日永定河决堤。是月宛平、大兴等11个县(州)发生大水,永定河畔朱窝村受冲,半个村被迫迁居。"

静谧的小山村（刘剑刚摄）

一个小型村落。人们依山就势建起四合院，继续住山开土，为银场服务，由于此土价钱颇高，被称为"贵土"，随之产生"黄土贵"这个地名。

关于村名，村里还有另一种说法。建村时，为了躲避洪水，选址就在这块黄土地上，其地形酷似一个大大的黄土柜安放于此，后因柜与贵谐音，久而久之就变成了现在的黄土贵村了。

据说，黄土贵现在的村民，是分两次从朱窝迁来的，现在已经繁衍到

了第十二代，据此算来，黄土贵村已有200年左右的历史。

黄土贵村地处门头沟区雁翅镇西部，是一个四面环山，梯田围绕的小山村。来到村口，首先映入眼帘的是个很新的牌坊，写着"黄土贵长寿村"。村里还有一面长18米、高2米多的文化墙，上书"黄土贵长寿村"六个1米高大字和"福字歌""寿字歌"各一首，可以看出这是一个与众不同的"长寿村"。

据村民介绍，黄土贵是一个仅有50来户人家的小山村，生活在这里的老人大多都很长寿。据1965年至2008年的不完全统计，全村80岁以上的寿星就有18位，还有一位百岁老人，就是2007年去世的陈玉芝，享年102岁。看来，居住在黄土贵村的人长寿，这已是不争的事实。那么，他们有什么长寿的秘诀吗？黄土贵村的老人虽然都勤于劳作，但生活习惯却各不相同，并不是人们想象的戒烟、戒酒、吃素……长寿的秘诀或许和这个村子的选址有关。

黄土贵村位于永定河南岸，海拔680米，四面环山，山形各异，村民称东南侧最高的山峰为高架天。村子不大，房屋很集中，高低错落地排布在群山之间，经过村民多年的开垦，村子周边的山坡都修成了梯田，这些梯田顺着山势环绕着黄土贵这个小山村，就像体育场的观众席。甚至有人说在卫星照片上看到的黄土贵村，与罗马斗兽场有几分神似。

黄土贵村的海拔高度正处于周边群山的胸线上，而这一高度，恰好能超越雾霾的高度。在山脚都被浓浓的雾霾覆盖着，黄土贵村，却是阳光透亮、空气清新、宁静安详。走进村子，如同进入天然氧吧，这大概是长寿的一个原因吧！

除了空气好，长寿的另一个原因可能是民风淳朴、生活恬静吧。黄土贵村是个古朴的小山村，村子不大，人口也很少，年轻人基本都不住这里,常住村里的多为老人,所以村子也显得非常安静祥和。

民宿"土店儿"

"土店儿"是什么?它不是商店也不是饭店,而是一家藏在小村黄土贵中的精品民宿。

这个名字虽然有点土,但它可不是寻常的农家院,而是一家精心打造的高端民宿。"土店儿"共有9个院落20间客房,这些院子分散于小村的不同位置。由于山村地形起起伏伏,使得"土店儿"的院落分布得高低错落,层次分明,每个院子也都视野开阔,清新雅致。

说起来,"土店儿"吸引游客的地方还真不少。第一,"土店儿"配有专业的乡村管家服务和山村特色餐饮;第二,"土店儿"的饮用水是机井深挖的地下山泉水;第三,"土店儿"的住宿洗浴设施都是高端品质。当然,最打动人的还是它的私密性,每个院子关起门来就像家一样,没有房东,没有其他客人,除非有需要,否则住进去之后就没人来打扰。

"土店儿"坐落在山村中,院子还真是不小,虽然每个院子的布局都不尽相同,但都一样的自然古朴、宽敞干净。有的院子里有休闲赏景的桌椅露台,有的院子配有私人书房和厨房,有的院子里甚至还有压井菜园呢!

穿行在小村中,会欣喜地发现好多有趣的地方,比如"油坊""磨坊""私塾"……仿佛穿越回到了几十年前,自己种粮种菜,磨面榨油,养鸡养猪,鸡鸣犬吠……

其中乡情1号四合院,简称1号院,又名"福寿居",是黄土贵村历史最悠久的四合院之一,始建于清末民初。

1号院是一个山地四合院,建筑布局相对紧凑,虽然是翻建的院落,但仍保持了山地合院的风格和特色,古朴、自然、亲切、温暖。

最让人惊喜的是院子里有一口压井!这口压井通至村中唯一的一眼山泉井,泉水清洌甘甜,是煮茶的上上之选。在这里,约上三五好友坐在青山茂林间,饮一杯山茶,畅谈人生快事,什么酷暑都会烟消云散。

1号院共有四间客房,名为"福""禄""寿""禧",寓意着福运吉祥。每间客房布置得都不一样。其中,南北两间客房是豪华体验房,打通

村里的磨坊

民宿1号院

的三间,内设1张大床和1个榻榻米。东西两侧分别是一间榻榻米体验房和标准间体验房,榻榻米房的榻榻米很宽敞,两个大人带一个孩子居住毫无问题。

  豪华体验房可以看到裸露的木质梁柱檩,木质家具,布艺窗帘,石板地面,纯朴又雅致。躺在床上,望着门窗上的木质窗棂,闻着乡村淡淡的烟火气息,耳边依稀听见秋虫的呢喃,似乎一切烦忧都渐渐远去,整个人被放空,舒服又惬意,才真正地体会到什么叫作"万籁俱寂"。

  距离"土店儿"接待中心不远,有一排漂亮的房子,那就是"土店儿"的特色餐厅!也叫"七间房餐厅"!餐厅得名大概也是因为那一排小房子有七间吧!

在这安静的小山村，在这微黄的灯光下，大家围坐在一起吃着略显粗犷的农家菜，还真是很应景呢！

13 百花食美白梨香

泉泉炊烟在浅山：京郊村落记忆 ｜门头沟卷

有人说，门头沟是"乌金遍地下，百宝满山川"，这话一点也不夸张，门头沟不仅地下有丰富的矿藏，地上也有很多特产。最有名的要数东山的京白梨，灵水的核桃，柏峪的扁杏仁，龙泉务的香白杏，樱桃沟的樱桃，妙峰山的玫瑰花，还有门头沟的农家菜，其中最有特色的一家，就是"百花人家"。

百花人家

"百花人家"在门头沟非常有名，有多有名呢？就是如果想去门头沟吃农家饭，随便找个人问，他一定会推荐"百花人家"，正是"若问酒家何处有，百花山下有人家"。

不过，严格说起来，"百花人家"其实也不算在百花山下，离百花山还有20多千米的山路！不过，要说离百花山最近的饭店，百花人家就当之无愧了！

门头沟全境皆山，永定河和清水河在山间蜿蜒穿行，山青水碧，名胜众多，山间公路往往伴水而行。而"百花人家"就在清水河畔清水镇清水村西南街73号，同时也在109国道93千米处的路边。所以，无论你是去百花山还是灵山，"百花人家"就在你必经的路旁敞开怀抱迎接你！据说还有人专程来这里吃饭。要知道，开车从门头沟城区出发，沿着弯弯曲曲的盘山公路要走70千米左右才能到达"百花人家"，可见百花人家的魅力还真是不小。

13 百花食美白梨香

"百花人家"坐落在清水镇109国道两边,开车沿着国道走,远远地就会看到一处略显开阔的地方,公路两旁停满了车辆。走近了会发现路边别有洞天,南北两侧各有一个院落,南面的院子很大,以休闲为主,北面的院子小一些,以吃饭为主。

"百花人家"南面的院子

出来游玩的孩子们会非常喜欢南面的大院子,一排木屋就搭建在清水河上,柳树的枝条低垂在水面上,一排吊椅围在木桌两旁,小船在河水中游荡。院子古色古香,还有秋千、水车。夏秋季节,坐在阳光明媚、空气清新的木屋里,望着外面的绿树,听着潺潺的流水,仿佛来到了江南水乡……

北面的院落稍小一些，庭院式格局，山村石屋建筑，高低错落着两层小楼，楼上有平台天井，临路是用石头砌的石墙，极富山区特色。坐在楼上的平台用餐，可以远眺群山巍峨，俯瞰小桥流水，坐享美味佳肴，消磨休闲时光，这大概就是"百花人家"的魅力所在吧？

二
美味农家饭

"百花人家"特色菜很多，其中凉菜有猪头压肉、大碗凉粉、特色粉肠、葱拌山药、蒜拌土豆……

热菜有火盆豆腐、猪肉炖粉条、山蘑炒土豆丝、侉炖鱼、香椿摊鸡蛋、砂锅丸子汤、焖河鱼、炸小河虾。主食有羊肉氽面、油香、黄米炸糕、摊黄饼等。

强烈推荐的是火盆豆腐、猪头压肉、蒜拌土豆和摊黄饼。

火盆豆腐不仅在百花人家很受欢迎，在整个门头沟区火盆豆腐也是非常出名的一道菜。这道菜的主要原

炸小河虾

料是具有当地特色的清水豆腐。做法是分别将白豆腐、冻豆腐、炸豆腐和白菜分层码放在砂锅中,用火盆烹制而成。这道菜不仅味道鲜美、营养丰富,而且还有着吉祥的寓意。豆腐取兜福之意,白菜取百财之意,火盆代表红红火火,所以这道菜一直是门头沟山里百姓过年必备的一道菜。

火盆豆腐

猪头压肉这道菜也是门头沟山里的一道传统菜,是将卤制好的猪头肉、肘子肉、核桃仁分层码放在容器里,上面压上几百斤的重物,经过12

猪头压肉

个小时左右即可成形。因为压制去掉了肉中大部分的油脂，其中再搭配核桃仁，使这道菜口感清爽、香而不腻，除了味美更有补脑功效。

蒜拌土豆这道菜是将厚厚的土豆片配上浓郁的蒜汁，香而不辣、口感独特、回味无穷，特别是吃完鱼肉略感油腻的时候，再吃几口这道菜，顿时感到嘴里特别清爽，食欲迅速恢复。

主食摊黄饼也很好吃，也叫大妈摊黄饼，一份摊黄饼有10张，黄灿灿的一摞，看上去就挺诱人的，吃起来软软的，有点微甜，是用小米面和玉米面混合在一起烙成的。

其他几道菜味道也可圈可点，香椿摊鸡蛋用的是柴鸡蛋，金黄金黄的足足一大盘，羊肉氽面是筋道的手擀面配上羊肉汤，据说味道很棒。这一道道充满着乡土气息的美味佳肴，让来过的人赞不绝口，并相约下次再来。

蒜拌土豆

黄米炸糕

最爱京白梨

返程的路上,买京白梨就变成最重要的一件事了。

京白梨,也叫北京白梨,是门头沟区特产,也是京城果品中唯一冠以"京"字的果品,产地主要分布在北京门头沟区的浅山地带。京白梨之所以有名,主要因为它的口感好,而这独特的口感,来自门头沟区浅山地带得天独厚的自然条件。这一片浅山区和平原相比,海拔较高,昼夜温差大,京白梨积累的糖分高,果肉细腻,果汁儿多,酸甜适口,香味浓郁。

今天,京白梨能成为众多名特优果品中的佼佼者,靠的不仅仅是这浓郁的香味和独特的口感,还离不开它的特殊经历和"高贵血统"。据说,这种白梨起源于门头沟区军庄镇东山村的龙沟,最初为一株自然实生树,有400年左右的历史,由于水果品质好,风味独特,在清代曾经作为皇家宫廷贡果。传说慈禧太后就特别喜欢东山村的白梨。1954年,东山村白梨参加北京梨品品种评比会,荣获最优产品,并在白梨之前冠以"京"字,改名"京白梨"。1959年,党中央、国务院在人民大会堂举行国宴,东山村的京白梨又摆上了国宴餐桌,从此更是驰名全国。1999年,经过精心培育的军庄京白梨在昆明世界园艺博览会上荣获水果类银奖。2005年,又被列为北京市首批推出的9种"唯一性"特色农产品之一。

所谓正宗的京白梨,果实呈扁圆形,一般一只梨大概重110克,大一些的梨也可以达到200克以上;果皮黄绿色,贮藏后变为黄白色,果面平滑有蜡质光泽,皮薄核小,果点小而稀;果肉黄白色,肉质中粗而脆,石细胞少。采摘下来后需要放置5~7天,这时果皮变黄,果肉变细变软,多汁且易溶于口,又香又甜,口感好极了!吃后唇齿留香,久久不散……据说,正宗的京白梨不仅好吃,还有生津、润燥、清热、化痰、解酒的功效!

后来,京白梨经繁殖推广到北京周边栽培,而门头沟军庄镇被誉为"京白梨故乡"。

京白梨的认证报告

14 乡关何处寄乡愁

在北京周边的区县中，门头沟是非常独特的存在，虽然大部分都是山区，但正是这个原因，它能够在沧海桑田的岁月变迁后还能保留那么多的古村、古道、古风、古韵。区内有国家级重点文物保护单位4处，市级保护单位10处，区级文物保护单位77处。特别值得一提的是门头沟的古村落文化底蕴深厚，建筑风格独特，到目前为止，已经公布的5批国家级传统村落，北京市共有22个，其中有一半以上在门头沟区。这些村落在建筑艺术、民俗风情和历史文化上形成了独特的京西古村落文化群。

不过，随着城市化进程的加速，这些珍贵的历史遗珠面临着越来越严峻的挑战，怎么才能"留得住乡愁"已成为一个不能忽视的课题。

失落的古村

长期以来，人们一直以为华北一带没有大规模的传统村落群存在。然而，人们惊喜地发现，在北京西部的门头沟区，居然奇迹般地幸存着几十个传统村落，其中包括14个北京市级传统村落、12个国家级传统村落、3个中国历史文化名村，是北京市古村落保存最完整、类型最丰富、历史价值最高的地区。如此大规模的传统村落是首都北京的文化瑰宝。

这些传统村落为何能够在繁华现代的首都北京安然无恙地保留下来？它们今后又将何去何从？

我们都知道，独特的自然地理环境和人文历史条件使门头沟形成了独具魅力的京西传统村落文化。门头沟的传统村落拥有北京西山最有特色的山地民居建筑，依山就势，筑宅建院，引水修塘，随坡开田，形成了人与自然和谐的居住空间环境。

传统村落俗称古村落，是民俗文化的策源地和民俗表情的生动符号。传统村落融自然山水、传统道德、乡风民俗、建筑理念于一体，具有重要的历史、文化、建筑、艺术、旅游等价值。我们希望这些传统村落的样貌能够原汁原味地保留下去，同时也能自由地游走在传统与现代之间，在保留优良传统的同时，也能充满现代生活的活力，只有这样这些村落才能长盛不衰。

然而，受城镇化、现代化、社会转型等因素影响，近年来，门头沟传统村落的数量在逐渐减少，同时也在受城镇化和空壳化的影响日益衰退。这些作为传统民间文化载体的传统村落正一步步走向衰落，有一天会彻底消失……

门头沟的传统村落因为所处位置的不同主要有两种衰落趋势，一种是城镇化，另一种是空壳化。那些处于城市边缘的传统村落，比如三家店、龙泉务、琉璃渠等，因为距离城市很近，地势相对平坦，难以避免地受到城镇化的影响，村落的面貌逐渐褪去，取而代之的是呈现出城乡接合部的杂乱景象。以三家店村为例，整个村庄虽然有很多古建筑，但这些院落里面加盖了很多民房，加上新建住宅，使整个村庄密度非常大，房屋的布局也比较杂乱。另外，三家店的原住民在这里居住的已经很少了，很多房屋都是租给做生意的外地人，外地人的增多又反过来促使更多的本地人搬离。

相反，距离城市相对较远，海拔相对较高的古村，例如碣石、黄土店，本来这些村庄人口就比较少，近些年来，年轻人几乎都离开了村庄，去城里发展，村里的常住人口越来越少，只剩下一些老人还留在村里，甚至连小孩都很少，村里也几乎没有什么产业，平时这些山村异常寂静，不免让人觉得缺乏活力。

另外，村里很多明清时期遗留下来的古宅古院纷纷被空置甚至被遗弃，因为长期无人居住，这些房子缺少修缮和维护，逐渐变得破败，甚至有些已经岌岌可危。

三家店村杂乱的街巷

碣石村荒废的古宅

非遗的传承

伴随着古村古院的破损和衰败，门头沟区非物质文化遗产的传承也令人堪忧。因其独特的地理环境和丰富的自然资源，门头沟区从明代以来逐渐成为五方杂处之地和百业萃聚之所。历史上，生活在门头沟的人们，从事着各种不同的行业，习俗风尚也多姿多彩：本地的工匠、南方的军户、漠北的商队在这里相互交融，形成了门头沟丰富多彩的民俗文化，其中的优秀代表已成为重要的非物质文化遗产。例如，京西太平鼓、妙峰山庙会、琉璃烧制技艺、千军台庄户古幡会、潭柘紫石砚雕刻技艺、龙泉务大鼓会、琉璃渠五虎少林会等。

不过，这些传统习俗逐渐在失落，即便是申报了非物质文化遗产，在保护和传承方面也是不容乐观的。

例如千军台庄户古幡会，是国家级非物质文化遗产。千军台、庄户是门头沟大台地区的两个山村，每年元宵节期间，两村联合举行幡会，祭神祈福、迎新狂欢。据考证，受过皇封的千军台、庄户两村幡会始于明朝，兴于清朝，距今已有500多年历史，共传承了十七代。举行幡会时村民各司其职，彩旗擎天，幡乐沸腾，场面隆重，欢快热烈。千军台、庄户古幡盛会，是京西地区独有的民俗画卷，反映了当地百姓的民间信仰。其规模庞大，内容丰富，在华北地区是绝无仅有的，对研究和传承西山永定河文化具有重要价值。

令人担忧的是，近年来，随着城镇化进程不断加快，人员外流非常严重，年轻人出去工作，孩子们出去求学，老人们随子女到城镇生活，种种原因致使村中常住人口骤减，且以老年人居多，导致幡会参演人员严重不足，90%的参演人员依赖返乡村民。另外，参演人员的技艺传承也是目前存在的一个主要问题。随着老艺人相继离去或逐渐衰老，年轻的参演人员不够稳定，音乐班能识工尺谱的人越来越少，能够演奏的曲目也越来越少，地秧歌能扭能唱的少之又少，很多重要角色不能固定，面临着传承后继乏人的窘境。

同样的问题在门头沟的民俗传承中普遍存在。比如龙泉务的童子大鼓老会，2006年被列为北京市级非物质文化遗产。每年在农闲时节和节日庙会期间，龙泉务的农民们都会组织大鼓会。以春节、元宵节的大鼓会最为热闹，给乡村带来一派红红火火的喜庆气氛。

但是现在龙泉务村的童子大鼓已经显现出青黄不接的势头，会档艺人年龄偏大；而表演花钹的孩子们由于学习任务繁重，练习技巧的时间已经少之又少，传承问题亟待解决。

还有被称为"戏曲活化石"的柏峪燕歌戏也已经濒临失传，据柏峪的老艺人们回忆，从前燕歌戏的剧目有100多出，后来很多剧目就因久久不唱而失传，很多老艺人也记不清台词了。随着老艺人的相继辞世，燕歌戏的传承也越来越让人担忧。

还有像西斋堂山梆子戏等已经被列为非物质文化遗产的项目传承形势也不容乐观，那些没有列入名录的民间民俗就更是难以为继了。因此，关于非遗的保护与传承，需要政府给予资金的大力支持，需要广大人民群众提高非遗保护的意识，需要营造非遗保护的良好社会氛围。包括开展非遗理论研究、资料抢救整理、编研及书籍出版；开展非遗讲座、研讨、论坛；开展非遗传承教学、辅导培训活动；组织综合性非遗主题活动；建设非遗数据库和影音资料采集等多个方面。

同时，单纯靠补贴的方式并不能让非遗得到更好的传承与发展，而仅仅起到最基本的"保护和保存"作用。要想让非遗事业更健康、良性地发展，需要引导非遗走向产业化，形成市场机制，不断完善自身造血机能，才能引导产业健康发展。如创新"非遗+旅游"文旅融合方式，通过全域旅游地图全方位展示门头沟丰富的文化旅游资源，结合"一河两寺三山"在内的17处A级景区，使得非遗表演、非遗产品走进传统村落，让游客们在游玩景区的同时了解非遗文化，感受非遗、体验非遗。还有创新"非遗+科技"数字化方式，以数字结构打破保护传承物理界限，通过构建的元宇宙营地成为年轻人的聚集地，VR与琉璃烧纸技艺、太平鼓表演、京西舞龙等结合，实现非遗项目的虚拟观赏体验，打破时空限制，让观众便捷快速地感受到传统文化的魅力。

总之，非遗创新与转化的核心是传承中华民族的思想理念以及文化精神，从而更好传承中华优秀传统文化。无论如何创新，都要在研究非遗内在文化内涵的基础上，使其回归传统、回归生活；在不失其本真的基础上博采众长、创新发展，让古老的非遗在现代社会中焕发生机。

后　记

"读万卷书，行万里路"一直是地理人的情怀。研究城市文化20年，对大大小小的聚落一直充满着好奇心与亲近感，特别是传统村落，它兼有物质与非物质文化遗产特性，这两类遗产在一个空间互相融合，互相依存，形成一个独特的整体，吸引着人们去探寻那古色古香外壳中包裹着的独特的文化内涵。

门头沟对我来说是个神奇的地方，其12个传统村落是探究历史文化的宝藏，这里有人类世代变迁的轨迹，在现代文明飞速发展的今天，传统村落就像一面明镜，照见我们的过去，同时，也照亮我们的明天。

动手写这本书已是两年前的事情，缘于好奇，更缘于热爱。曾经在心底暗暗发誓，一定要走遍门头沟的每个角落，于是，暑往寒来，我也的确走过很多地方，留下很多回忆：黄草梁的敌台，沿河城的城墙，牛角岭的关城，爨底下的街巷，灵水村的秋粥，涧沟村的玫瑰，碣石村的古井，黄土贵的老宅……一串串足迹，一幕幕回忆，都化作了一缕挥不去的乡愁。

遗憾的是，2019年底一场突如其来的疫情，阻挡了我进一步探索的

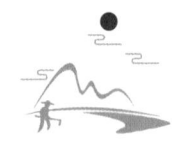

脚步，虽然我几乎走遍了整个低山浅山区，但还有一些村落没有走到，因此，今天，当我决定就此搁笔的时候，还是有些不甘。虽然如此，我还是非常希望这本小书能让你更加了解门头沟，也能像我一样爱上这里的山水人文。

书中的图片，除了笔者本人拍摄（未署名者），还有部分图片分别由刘剑刚、李瑞华、叶盛东、董恒年、逯艳玲和张勃等老师提供，在此表示诚挚的感谢！在我们调研走访阶段，曾经询问、采访了一些当地村民，也在征得他们同意的基础上，为一些村民拍摄了照片，对他们热情的帮助和支持，在此也献上深深的谢意！

由于笔者水平所限，不妥或疏漏之处在所难免，欢迎批评指正。

李雪妍

2020年冬月